Indijski Okusi U Vašoj Kuhinji

Putovanje Kroz Raznolikost Aromatične Indijske Kuhinje

Anja Rajić

Sažetak

Raita od češnjaka 18
    Sastojci 18
    metoda 18
Raita od miješanog povrća 19
    Sastojci 19
    metoda 19
Boondi Raita 20
    Sastojci 20
    metoda 20
Raita od cvjetače 21
    Sastojci 21
    metoda 22
Kupus Raita 23
    Sastojci 23
    metoda 23
Raita od cikle 24
    Sastojci 24
    metoda 24
Raita od proklijalih mahunarki 25
    Sastojci 25
    metoda 25
Tjestenina Pudina Raita 26
    Sastojci 26
    metoda 26

Mint Raita 27
    Sastojci 27
    metoda 27
Raita od patlidžana 28
    Sastojci 28
    metoda 28
Raita od šafrana 29
    Sastojci 29
    metoda 29
Yam Raita 30
    Sastojci 30
    metoda 31
Bamija Raita 32
    Sastojci 32
    metoda 32
Hrskava pita od špinata 33
    Sastojci 33
    metoda 33
Rava Dosa 35
    Sastojci 35
    metoda 35
Doodhi kotlet 37
    Sastojci 37
    Za bešamel: 37
    metoda 38
Patras 39
    Sastojci 39

Za tijesto: 39

metoda 40

Nargisi pileći kebab 41

Sastojci 41

metoda 42

Sev Puris sa slanim preljevom 43

Sastojci 43

metoda 44

Posebna rolada 45

Sastojci 45

metoda 46

Pržena kolokazija 47

Sastojci 47

metoda 48

Mješovita Dhal Dosa 49

Sastojci 49

metoda 49

Meka slatkiši 50

Sastojci 50

metoda 51

Hara Bhara Kebab 52

Sastojci 52

metoda 52

Pacoda od ribe 54

Sastojci 54

metoda 55

Shammi Kebab 56

- Sastojci 56
- metoda 57
- Osnovna Dhokla 58
  - Sastojci 58
  - metoda 59
- dođi 60
  - Sastojci 60
  - metoda 61
- Double Decker Dhokla 62
  - Sastojci 62
  - metoda 63
- Ulundu Vada 64
  - Sastojci 64
  - metoda 64
- Bhakar Wadi 65
  - Sastojci 65
  - metoda 65
- Mangalorean Chaat 67
  - Sastojci 67
  - metoda 68
- Pani Puri 69
  - Sastojci 69
  - Za nadjev: 69
  - Za sendvič: 69
  - metoda 70
- Punjeno jaje od špinata 71
  - Sastojci 71

- metoda 72
- Sada Dosa 73
  - Sastojci 73
  - metoda 73
- Samose od krumpira 75
  - Sastojci 75
  - metoda 76
- Vrući Kachori 77
  - Sastojci 77
  - metoda 77
- Khandvi 79
  - Sastojci 79
  - metoda 80
- Trgovi Meke 81
  - Sastojci 81
  - metoda 82
- Dhal Pakwan 83
  - Sastojci 83
  - Za pakwan: 83
  - metoda 84
- Začinjeno Sev 85
  - Sastojci 85
  - metoda 85
- Punjeni vegetarijanski polumjesec 86
  - Sastojci 86
  - Za nadjev: 86
  - metoda 87

Kachori Usal 88
    Sastojci 88
    Za nadjev: 88
    Za umak: 89
    metoda 89
Dhal Dhokli 91
    Sastojci 91
    Za dhal: 91
    metoda 92
misal 94
    Sastojci 94
    Za mješavinu začina: 95
    metoda 96
Pandora 97
    Sastojci 97
    metoda 97
Adai od povrća 98
    Sastojci 98
    metoda 99
Začinjeni klip kukuruza 100
    Sastojci 100
    metoda 100
Narezak od miješanog povrća 101
    Sastojci 101
    metoda 102
Idli Upma 103
    Sastojci 103

metoda	104
Dhal Bhajiya	105
Sastojci	105
metoda	105
Masala Papad	106
Sastojci	106
metoda	106
Sendvič s povrćem	107
Sastojci	107
metoda	107
Rolice od proklijalog mahune	109
Sastojci	109
metoda	110
Chutney sendvič	111
Sastojci	111
metoda	111
Chatpata Gobhi	112
Sastojci	112
metoda	112
Sabudana Vada	113
Sastojci	113
metoda	113
Upma kruh	115
Sastojci	115
metoda	116
Začinjena khaja	117
Sastojci	117

  metoda 118
Hrskavi krumpir 119
  Sastojci 119
  metoda 120
Dhal Vada 121
  Sastojci 121
  metoda 122
Začinjene palačinke od banane 123
  Sastojci 123
  metoda 123
Masala Dosa 124
  Sastojci 124
  metoda 124
Soja kebab 126
  Sastojci 126
  metoda 127
Krupica Idli 128
  Sastojci 128
  metoda 129
Kotlet od krumpira i jaja 130
  Sastojci 130
  metoda 130
Chivda 131
  Sastojci 131
  metoda 132
Bhajjia kruh 133
  Sastojci 133

metoda	133
Masala od jaja	134
Sastojci	134
metoda	135
Pakoda od kozica	136
Sastojci	136
metoda	136
Čips od sira	138
Sastojci	138
metoda	139
Mysore Bonda	140
Sastojci	140
metoda	140
Radhaballabhi	141
Sastojci	141
metoda	141
Medù Idi	143
Sastojci	143
metoda	143
Omlet od rajčice	144
Sastojci	144
metoda	145
Jaje Bhurji	146
Sastojci	146
metoda	147
Kotlet od jaja	148
Sastojci	148

metoda 149
Jhal Mudi 150
    Sastojci 150
    metoda 150
Tofu Tikka 151
    Sastojci 151
    Za marinadu: 151
    metoda 151
Aloo Kabli 153
    Sastojci 153
    metoda 153
Masala omlet 154
    Sastojci 154
    metoda 155
Masala kikiriki 156
    Sastojci 156
    metoda 156
Kothmir Wadi 157
    Sastojci 157
    metoda 158
Rolice od riže i kukuruza 159
    Sastojci 159
    metoda 159
Dahi kotlet 160
    Sastojci 160
    metoda 160
Uthappam 162

Sastojci 162

metoda 162

Koraishutir Kochuri 163

Sastojci 163

metoda 163

Kanda Vada 165

Sastojci 165

metoda 165

Aloo Tuk 167

Sastojci 167

metoda 167

Kotlet od kokosa 169

Sastojci 169

metoda 169

Mung izdanak Dhokla 171

Sastojci 171

metoda 171

Paneer Pakoda 172

Sastojci 172

metoda 173

Indijska mesna štruca 174

Sastojci 174

metoda 175

Paneer Tikka 176

Sastojci 176

Za marinadu: 176

metoda 177

Panir kotlet 178
    Sastojci 178
    metoda 179
Dhal Ke kebab 180
    Sastojci 180
    metoda 180
Slane kuglice od riže 181
    Sastojci 181
    metoda 181
Hranjiva Roti rolada 182
    Sastojci 182
    Za roti: 182
    metoda 183
Pileći kebab s mentom 184
    Sastojci 184
    metoda 185
Masala čips 186
    Sastojci 186
    metoda 186
Samosa od miješanog povrća 187
    Sastojci 187
    Za prhko tijesto: 187
    metoda 188
Chop Rolls 189
    Sastojci 189
    metoda 189
goli kebab 191

Sastojci 191

metoda 192

Mathis 193

Sastojci 193

metoda 193

Poha Pakoda 194

Sastojci 194

metoda 195

Hariyali Murgh Tikka 196

Sastojci 196

Za marinadu: 196

metoda 197

Botti Kebab 198

Sastojci 198

metoda 199

Chaat 200

Sastojci 200

metoda 201

Dosa od kokosa 202

Sastojci 202

metoda 202

Torte od sušenog voća 203

Sastojci 203

metoda 203

Kuhana riža Dosa 204

Sastojci 204

metoda 205

Pljeskavice od nezrele banane 206
    Sastojci 206
    metoda 207
Sooji Vada 208
    Sastojci 208
    metoda 208
Slani slatki i kiseli zalogaji 209
    Sastojci 209
    Za Muthias: 209
    metoda 210
Kolači od kozica 211
    Sastojci 211
    metoda 212
Reshmi Kebab 213
    Sastojci 213
    metoda 213
Užitak od lomljene pšenice 214
    Sastojci 214
    metoda 215
Methi Dhokla 216
    Sastojci 216
    metoda 216

Raita od češnjaka

Služi 4

Sastojci

2 zelena čilija

5 češnja češnjaka

450 g/lb jogurta, tučenog

Posolite po ukusu

metoda

- Na suho ispecite čilije dok ne budu svijetlo smeđi. Usitnite ih s češnjakom.
- Pomiješajte s ostalim sastojcima. Poslužite hladno.

Raita od miješanog povrća

Služi 4

Sastojci

1 veliki krumpir, narezan na kockice i skuhan

25 g/1 oz zelenog graha, narezanog na kockice i kuhanog

25 g/1 oz mrkve, narezane na kockice i kuhane

50 g kuhanog graška

450 g/1 kg jogurta

½ žličice mljevenog crnog papra

1 žlica lišća korijandera, sitno nasjeckanog

Posolite po ukusu

metoda

- Sve sastojke dobro izmiješajte u zdjeli. Poslužite hladno.

Boondi Raita

Služi 4

Sastojci

115g/4oz Slani Boondi*

450 g/1 kg jogurta

½ žličice šećera

½ žličice chaat masale*

metoda

- Sve sastojke dobro izmiješajte u zdjeli. Poslužite hladno.

Raita od cvjetače

Služi 4

Sastojci

250 g cvjetače, narezane na cvjetiće ili naribane

Posolite po ukusu

½ žličice mljevenog crnog papra

½ žličice čilija u prahu

½ žličice mljevenog senfa

450 g/1 kg jogurta

1 žličica gheeja

½ žličice sjemena gorušice

Chaat Masala*ukus

metoda

- Pomiješajte cvjetaču sa soli i kuhajte na pari.
- U posudi umutite papar, čili u prahu, senf, sol i jogurt.
- Dodajte smjesu cvjetače u smjesu s jogurtom i ostavite sa strane.
- Zagrijte pročišćeni maslac u malom loncu. Kad se počne dimiti, dodajte sjemenke gorušice. Pustite ih da pucketaju 15 sekundi.
- Dodajte ovo s chaat masalom u smjesu jogurta. Poslužite hladno.

Kupus Raita

Služi 4

Sastojci

100 g kupusa, naribanog

Posolite po ukusu

1 žlica lišća korijandera, sitno nasjeckanog

2 žličice naribanog kokosa

450 g/1 kg jogurta

1 žličica ulja

½ žličice sjemena gorušice

3-4 lista curryja

metoda

- Kelj popariti sa soli. Neka se ohladi.
- Dodajte listiće korijandera, kokos i jogurt. Dobro promiješajte. Staviti na stranu.
- Zagrijte ulje u manjoj posudi. Dodajte sjemenke gorušice i listove curryja. Pustite ih da pucketaju 15 sekundi.
- Ulijte ovo u smjesu od jogurta. Poslužite hladno.

Raita od cikle

Služi 4

Sastojci

1 veća cikla, kuhana i naribana

450 g/1 kg jogurta

½ žličice šećera

Posolite po ukusu

1 žličica gheeja

½ žličice sjemenki kumina

1 zeleni čili, prerezan po dužini

1 žlica lišća korijandera, sitno nasjeckanog

metoda

- U zdjeli pomiješajte ciklu, jogurt, šećer i sol.
- Zagrijte pročišćeni maslac u loncu. Dodajte sjemenke kumina i zeleni čili. Pustite ih da pucketaju 15 sekundi. To dodajte smjesi cikle i jogurta.
- Prebacite u zdjelu za posluživanje i ukrasite listićima korijandera.
- Poslužite hladno.

Raita od proklijalih mahunarki

Služi 4

Sastojci

75 g klica graha

75g/2½oz proklijale kaala chana*

75 g proklijalog slanutka

1 krastavac, sitno nasjeckan

10 g lišća korijandera, sitno nasjeckanog

2 žličice chaat masale*

½ žličice šećera

450 g/1 kg jogurta

metoda

- Klice graha kuhajte na pari 5 minuta. Staviti na stranu.
- Kuhajte kaala chanu i slanutak zajedno s malo vode na srednjoj vatri u loncu 30 minuta. Staviti na stranu.
- Klice graha pomiješajte sa svim ostalim sastojcima. Dobro promiješajte. Ocijedite i dodajte kaala chanu i slanutak.
- Poslužite hladno.

Tjestenina Pudina Raita

Služi 4

Sastojci

200g/7oz tjestenine, kuhane

1 veliki krastavac, sitno nasjeckan

450 g/lb jogurta, tučenog

2 žličice gotovog senfa

50 g listova metvice sitno nasjeckanih

Posolite po ukusu

metoda

- Pomiješajte sve sastojke. Poslužite hladno.

Mint Raita

Služi 4

Sastojci

50 g listova metvice

25g/nekoliko listova korijandera od 1 oz

1 zelena čili papričica

2 češnja češnjaka

450 g/1 kg jogurta

1 žličica chaat masale*

1 žličica granuliranog šećera

Posolite po ukusu

metoda

- Nasjeckajte listove mente, listove korijandera, zeleni čili i češnjak.
- Pomiješajte s ostalim sastojcima u zdjeli.
- Poslužite hladno.

Raita od patlidžana

Služi 4

Sastojci

1 veći patlidžan

450 g/1 kg jogurta

1 velika glavica luka sitno naribana

2 zelena čilija, sitno nasjeckana

10 g lišća korijandera, sitno nasjeckanog

Posolite po ukusu

metoda

- Patlidžan izbodite vilicom po cijeloj površini. Pecite u pećnici na 180ºC (350ºF, plinska oznaka 4), povremeno okrećući, dok kožica ne pougljeni.
- Patlidžan potopiti u zdjelu vode da se ohladi. Ocijedite vodu i skinite koru s patlidžana.
- Zgnječite patlidžan dok ne postane glatko. Pomiješajte sa svim ostalim sastojcima.
- Poslužite hladno.

Raita od šafrana

Služi 4

Sastojci

Jogurt 350g/12oz

1 žličica šafrana, natopljena u 2 žlice mlijeka 30 minuta

25 g/1 oz grožđica, namočenih u vodi 2 sata

75 g prženih badema i pistacija, sitno nasjeckanih

1 žlica granuliranog šećera

metoda

- U posudi istucite jogurt sa šafranom.
- Dodajte sve ostale sastojke. Dobro promiješajte.
- Poslužite hladno.

Yam Raita

Služi 4

Sastojci

250g/9oz slatkog krumpira*

Posolite po ukusu

¼ žličice čilija u prahu

¼ žličice mljevenog crnog papra

Jogurt 350g/12oz

1 žličica gheeja

½ žličice sjemenki kumina

2 zelena čilija, prerezana po dužini

1 žlica lišća korijandera, sitno nasjeckanog

metoda

- Ogulite i naribajte batat. Malo posolite i smjesu kuhajte na pari dok ne omekša. Staviti na stranu.
- U zdjeli pomiješajte sol, čili u prahu i mljevenu papriku s jogurtom.
- Jam dodajte smjesi od jogurta. Staviti na stranu.
- Zagrijte pročišćeni maslac u malom loncu. Dodajte sjemenke kima i zeleni čili. Pustite ih da pucketaju 15 sekundi.
- Dodajte ovo smjesi od jogurta. Lagano promiješajte.
- Ukrasite listićima korijandera. Poslužite hladno.

Bamija Raita

Služi 4

Sastojci

250g bamije, sitno nasjeckane

Posolite po ukusu

½ žličice čilija u prahu

½ žličice kurkume

Rafinirano biljno ulje za prženje

Jogurt 350g/12oz

1 žličica chaat masale*

metoda

- Natrljajte komade bamije solju, čilijem u prahu i kurkumom.
- Zagrijte ulje u loncu. Pržite bamiju na srednjoj vatri 3-4 minute. Ocijediti na upijajućem papiru. Staviti na stranu.
- U posudi umutite jogurt s chaat masalom i soli.
- Prženu bamiju dodajte u smjesu od jogurta.
- Poslužite hladno ili na sobnoj temperaturi.

Hrskava pita od špinata

To je 12

Sastojci

1 žlica rafiniranog biljnog ulja plus dodatno za prženje

1 velika glavica luka sitno nasjeckana

50 g špinata skuhati i sitno nasjeckati

1 žličica paste od češnjaka

1 žličica paste od đumbira

Posolite po ukusu

300g/10oz štruca*, nasjeckani

2 jaja, istučena

2 žlice bijelog brašna

Papar po ukusu

Posolite po ukusu

Krušne mrvice 50g/1¾oz

metoda

- Zagrijte ulje u tavi. Pirjajte luk na srednjoj vatri dok ne postane proziran.
- Dodajte špinat, pastu od češnjaka, pastu od đumbira i sol. Kuhajte 2-3 minute.

- Maknite s vatre i dodajte paneer. Dobro izmiješajte i podijelite na četvrtaste mesne okruglice. Pokrijte folijom i stavite u hladnjak na 30 minuta.
- Pomiješajte jaja, brašno, papar i sol dok ne dobijete glatku smjesu.
- Zagrijte preostalo ulje u tavi. Svaku panir pljeskavicu umočite u tijesto, uvaljajte u prezle i pržite dok ne porumene.
- Poslužite vruće uz ajvar od suhog češnjaka

Rava Dosa

(palačinka od griza)

10-12 je

Sastojci

   100 g krupice

   85g/3oz glatkog bijelog brašna

   Prstohvat sode bikarbone

   250g/9oz jogurta

   240 ml/8 fl oz vode

   Posolite po ukusu

   Rafinirano biljno ulje za podmazivanje

metoda

- Pomiješajte sve sastojke, osim ulja, da dobijete tijesto konzistencije palačinke. Ostavite sa strane 20-30 minuta.
- Namastite i zagrijte ravnu tavu. U to ulijte 2 žlice smjese. Razmazati podižući tepsiju i lagano je okrećući.
- Rubove prelijte s malo ulja.
- Kuhajte 3 minute. Okrenite i pecite dok ne postane hrskavo.
- Ponovite za preostalo tijesto.

- Poslužite vruće uz ajvar od kokosa

Doodhi kotlet

(kolet od tikve)

To je 20

Sastojci

1 žlica rafiniranog biljnog ulja plus dodatno za prženje

1 veliki luk, nasjeckan

4 zelena čilija, sitno nasjeckana

2,5 cm/1 inč korijena đumbira, naribanog

1 velika boca tikve*, oguljene i naribane

Posolite po ukusu

2 jaja, istučena

100 g krušnih mrvica

Za bešamel:

2 žlice margarina/maslaca

4 žlice brašna

Posolite po ukusu

Papar po ukusu

1 žlica vrhnja

metoda

- Za bešamel u loncu zagrijte margarin/maslac. Dodajte sve ostale sastojke za bešamel i miješajte na srednjoj vatri dok ne dobijete gust, kremasti umak. Staviti na stranu.
- Zagrijte ulje u tavi. Pirjajte luk, zelene papričice i đumbir na srednje jakoj vatri 2-3 minute.
- Dodajte tikvu i sol. Dobro promiješajte. Pokrijte poklopcem i kuhajte 15-20 minuta na srednjoj vatri.
- Otklopite i dobro zgnječite tikvu. Dodajte bešamel i pola razmućenih jaja. Ostaviti 20 minuta da se stegne i stegne.
- Smjesu nasjeckajte na kotlete.
- Zagrijte ulje u loncu. Svaki kotlet umočite u preostalo razmućeno jaje, uvaljajte u prezle i pržite dok ne porumene.
- Poslužite vruće uz slatki ajvar od rajčice

Patras

(Colocasia leaf pinwheel)

To je 20

Sastojci

10 listova kolokazije*

2 žlice rafiniranog biljnog ulja

½ žličice sjemena gorušice

1 žličica sjemenki sezama

1 žličica sjemenki kumina

8 listova curryja

2 žlice lišća korijandera, sitno nasjeckanog

Za tijesto:

250g/9oz zelenog graha*

4 žlice jaggeryja*, naribano

1 žličica paste od tamarinda

½ žličice paste od đumbira

½ žličice paste od češnjaka

1 žličica čilija u prahu

½ žličice kurkume

Posolite po ukusu

metoda

- Pomiješajte sve sastojke za tijesto da dobijete gustu smjesu.
- Svaki list kolokazije premažite slojem tijesta dok ga potpuno ne prekrijete.
- Stavite 5 premazanih listova jedan na drugi.
- Savijte listove 2,5 cm prema unutra od svakog kuta kako biste formirali kvadrat. Razvaljajte ovaj kvadrat u cilindar.
- Ponovite za ostalih 5 listova.
- Kiflice kuhajte na pari oko 20-25 minuta. Ostaviti sa strane da se ohladi.
- Svaku roladu izrežite u oblike poput kotačića. Staviti na stranu.
- Zagrijte ulje u loncu. Dodajte senf, sjemenke sezama, sjemenke kumina i listiće curryja. Pustite ih da pucketaju 15 sekundi.
- Prelijte ovo preko pinwheelsa.
- Ukrasite listićima korijandera. Poslužite vruće.

Nargisi pileći kebab

(Ćevap od piletine i sira)

20-25 je

Sastojci

    500g/1lb 2oz piletine, nasjeckane

    150 g ribanog cheddar sira

    2 velike glavice luka sitno nasjeckane

    1 žličica paste od đumbira

    1 žličica paste od češnjaka

    1 žličica mljevenog kardamoma

    2 žličice garam masale

    1 žličica mljevenog korijandera

    ½ žličice kurkume

    ½ žličice čilija u prahu

    Posolite po ukusu

    15-20 grožđica

    Rafinirano biljno ulje za prženje

metoda

- Sve sastojke osim grožđica i ulja miješajte dok ne dobijete tijesto.
- Napravite male okruglice. U sredinu svake okruglice stavite grožđice.
- Zagrijte ulje u tavi. Okruglice pržite na srednje jakoj vatri dok ne porumene. Poslužite vruće uz chutney od mente

Sev Puris sa slanim preljevom

Služi 4

Sastojci

24 sev puris*

2 krumpira narezana na kockice i kuhana

1 velika glavica luka sitno nasjeckana

¼ malog nezrelog zelenog manga, sitno nasjeckanog

120 ml/4 fl oz ljutog ajvara

4 žlice ajvara od mente

1 žličica chaat masale*

Sok od 1 limuna

Posolite po ukusu

150g/5½oz tjedno*

2 žlice lišća korijandera, nasjeckanog

metoda

- Rasporedite puris na tanjur za posluživanje.
- Na svaki puri stavite male porcije krumpira, luka i manga.
- Pospite ljuti i kiselkasti chutney i chutney od mente po svakom puriju.
- Pospite chaat masalom, limunovim sokom i soli.
- Ukrasite sevom i listićima korijandera. Poslužite odmah.

Posebna rolada

To je 4

Sastojci

1 žličica kvasca

Prstohvat šećera

240 ml vruće vode

350g/12oz glatkog bijelog brašna

½ žličice praška za pecivo

2 žlice maslaca

1 velika glavica luka sitno nasjeckana

2 rajčice, sitno nasjeckane

30 g listova mente, sitno nasjeckanih

200 g kuhanog špinata

300g/10oz štruca*, na kockice

Posolite po ukusu

Mljeveni crni papar po ukusu

Pire od rajčice 125g/4½oz

1 jaje, tučeno

metoda

- Kvasac i šećer otopiti u vodi.
- Prosijte zajedno brašno i prašak za pecivo. Pomiješajte s kvascem i umijesite tijesto.
- Uz pomoć valjka razvaljajte tijesto u 2 chapattija. Staviti na stranu.
- U loncu zagrijte pola maslaca. Dodajte luk, rajčice, listiće mente, špinat, paneer, sol i crni papar. Pržite na srednjoj vatri 3 minute.
- Premažite ga preko 1 chapattija. Prelijte pireom od rajčice i prekrijte ostalim chapattijima. Zatvorite krajeve.
- Premažite chapattije jajetom i preostalim maslacem.
- Pecite na 150ºC (300ºF, plinska oznaka 2) 10 minuta. Poslužite vruće.

Pržena kolokazija

Služi 4

Sastojci

Colocasia 500g/1lb 2 oz*

2 žlice mljevenog korijandera

1 žlica mljevenog kima

1 žlica amchoora*

2 žličice graha*

Posolite po ukusu

Rafinirano biljno ulje za prženje

Chaat Masala*, okus

1 žlica lišća korijandera, nasjeckanog

½ žličice limunovog soka

metoda

- Kolokaziju kuhajte u loncu 15 minuta na laganoj vatri. Ohladite, ogulite, prerežite po dužini i poravnajte. Staviti na stranu.
- Pomiješajte mljeveni korijander, mljeveni kumin, amchoor, besan i sol. U ovu smjesu uvaljajte komade kolokazije. Staviti na stranu.
- Zagrijte ulje u loncu. Kolokaziju pržite dok ne postane hrskava, a zatim je ocijedite.
- Pospite preostalim sastojcima. Poslužite vruće.

Mješovita Dhal Dosa

(Mješana palačinka od leće)

8-10 je

Sastojci

250g/9oz riže, namočene 5-6 sati

100g/3½oz mung dhal*, natopljen 5-6 sati

100g/3½oz chana dhal*, natopljen 5-6 sati

100g/3½oz urad dhal*, natopljen 5-6 sati

2 žlice jogurta

½ žličice sode bikarbone

2 žlice rafiniranog biljnog ulja plus dodatno za prženje

Posolite po ukusu

metoda

- Mokro samljeti rižu i dhal odvojeno. Pomiješajte zajedno. Dodajte jogurt, sodu bikarbonu, ulje i sol. Tucite dok ne postane pjenasto i lagano. Ostavite sa strane 3-4 sata.
- Namastite i zagrijte ravnu tavu. Preko toga prelijte 2 žlice tijesta i rasporedite kao palačinku. Rubove prelijte s malo ulja. Kuhajte 2 minute. Poslužite vruće.

Meka slatkiši

(kukuruzni kolači)

12-15 je

Sastojci

4 klipa svježeg kukuruza

2 žlice maslaca

750 ml/1¼ litre mlijeka

½ žličice čilija u prahu

Posolite po ukusu

Mljeveni crni papar po ukusu

25 g/1 oz lišća korijandera, nasjeckanog

Krušne mrvice 50g/1¾oz

metoda

- Iz klipova kukuruza izvadite zrna i krupno ih sameljite.
- U loncu zagrijte maslac i pržite mljeveni kukuruz 2-3 minute na srednjoj vatri. Dodajte mlijeko i pirjajte dok se ne osuši.
- Dodajte čili u prahu, sol, crni papar i listiće korijandera.
- Dodajte krušne mrvice i dobro promiješajte. Smjesu podijelite na male polpete.
- Zagrijte maslac u tavi. Pržite mesne okruglice dok ne porumene. Poslužite vruće uz kečap.

Hara Bhara Kebab

(Ćevap od zelenog povrća)

Služi 4

Sastojci

300g/10oz chana dhal*, namočen preko noći

2 zelene mahune kardamoma

2,5 cm/1 inč cimeta

Posolite po ukusu

60 ml/2 tečne unce vode

200 g špinata, kuhanog na pari i nasjeckanog

½ žličice garam masale

¼ žličice macea, naribanog

Rafinirano biljno ulje za prženje

metoda

- Ocijedite dhal. Dodajte kardamom, klinčiće, cimet, sol i vodu. Kuhajte u loncu na srednjoj vatri dok ne omekša. Samljeti dok ne dobijete pastu.
- Dodajte sve ostale sastojke osim ulja. Dobro promiješajte. Smjesu podijelite na kuglice veličine limuna i svaku spljoštite u male polpete.

- Zagrijte ulje u tavi. Pržite mesne okruglice na srednjoj vatri dok ne porumene. Poslužite vruće uz chutney od mente

Pacoda od ribe

(riba pečena u tijestu)

To je 12

Sastojci

300g/10oz ribe bez kostiju, izrezane na komade od 2,5cm/1 inča

Posolite po ukusu

2 žličice soka od limuna

3 žlice vode

250g/9oz zelenog graha*

1 žličica paste od češnjaka

2 zelena čilija, sitno nasjeckana

1 žličica garam masale

½ žličice kurkume

Rafinirano biljno ulje za prženje

metoda

- Marinirajte ribu sa soli i limunovim sokom 20 minuta.
- Ostale sastojke osim ulja izmiksajte da dobijete gustu smjesu.
- Zagrijte ulje u loncu. Svaki komad ribe umočite u tijesto i pržite dok ne porumeni. Ocijediti na upijajućem papiru. Poslužite vruće.

Shammi Kebab

(Mljeveni i bengalski kebab)

35 je

Sastojci

750g/1lb 10oz piletine, nasjeckane

600g/1lb 5oz chana dhal*

3 velika luka, nasjeckana

1 žličica paste od đumbira

1 žličica paste od češnjaka

2,5 cm/1 inč cimeta

4 klinčića

2 mahune crnog kardamoma

7 zrna papra

1 žličica mljevenog kima

Posolite po ukusu

450 ml/15 fl oz vode

2 jaja, istučena

Rafinirano biljno ulje za prženje

metoda

- Pomiješajte sve sastojke osim jaja i ulja. Kuhajte u loncu dok sva voda ne ispari. Samljeti dok ne dobijete gustu pastu.
- Dodajte jaja u tjesteninu. Dobro promiješajte. Smjesu podijelite na 35 mesnih okruglica.
- Zagrijte ulje u tavi. Pržite polpete na laganoj vatri dok ne porumene.
- Poslužite vruće uz chutney od mente

Osnovna Dhokla

(osnovni kolač na pari)

18-20 je

Sastojci

250g/9oz riže

450 g/1 lb chana dhal*

Jogurt 60g/2oz

¼ žličice sode bikarbone

6 zelenih čilija, nasjeckanih

1 cm/½ in korijena đumbira, naribanog

¼ žličice mljevenog korijandera

¼ žličice mljevenog kumina

½ žličice kurkume

Posolite po ukusu

½ ribanog kokosa

150 g lišća korijandera, sitno nasjeckanog

1 žlica rafiniranog biljnog ulja

½ žličice sjemena gorušice

metoda

- Namočite rižu i dhal zajedno 6 sati. Krupno samljeti.
- Dodajte jogurt i sodu bikarbonu. Dobro promiješajte. Ostavite tijesto da fermentira 6-8 sati.
- Dodajte zelene papričice, đumbir, mljeveni korijander, mljeveni kumin, kurkumu i sol u tijesto. Temeljito promiješajte.
- Ulijte u okrugli kalup za torte promjera 20 cm/8 inča. Kuhajte tijesto na pari 10 minuta.
- Ohladite i narežite na četvrtaste komade. Pospite ih naribanim kokosom i listićima korijandera. Staviti na stranu.
- Zagrijte ulje u loncu. Dodajte sjemenke gorušice. Pustite ih da pucketaju 15 sekundi.
- Prelijte ga preko dhoklasa. Poslužite vruće.

dođi

(palačinka od riže i leće)

To je 12

Sastojci

125 g riže

75g/2½oz urad dhal*

75g/2½oz chana dhal*

75g/2½oz masoor dhal*

75g/2½oz mung dhal*

6 crvenih čilija

Posolite po ukusu

240 ml/8 fl oz vode

Rafinirano biljno ulje za podmazivanje

metoda

- Namočite rižu sa svim dhalom preko noći.
- Ocijedite smjesu i dodajte crvene papričice, sol i vodu. Samljeti dok ne postane glatko.
- Namastite i zagrijte ravnu tavu. Po vrhu rasporedite 3 žlice smjese. Poklopite i kuhajte na srednjoj vatri 2-3 minute. Okrenite i pecite drugu stranu.
- Pažljivo izvadite lopaticom. Ponovite za ostatak tijesta. Poslužite vruće.

Double Decker Dhokla

(Dvospratna torta kuhana na pari)

To je 20

Sastojci

500g/1lb 2oz riže

300 g graha*

75g/2½oz urad dhal*

75g/2½oz chana dhal*

75g/2½oz masoor dhal*

2 zelena čilija

Jogurt 500g/1lb 2oz

1 žličica čilija u prahu

½ žličice kurkume

Posolite po ukusu

Chutney od mente 115g/4oz

metoda

- Pomiješajte rižu i urad grah. Namočiti preko noći.
- Pomiješajte sav dhal. Namočiti preko noći.
- Ocijedite i odvojeno sameljite smjesu riže i dhal smjesu. Staviti na stranu.
- Pomiješajte zeleni čili, jogurt, čili u prahu, kurkumu i sol. Pola ove smjese dodajte u smjesu riže, a ostatak u smjesu dhal. Ostavite da fermentira 6 sati.
- Premažite maslacem okrugli kalup za tortu od 20 cm/8 inča. Ulijte smjesu riže. Pospite chutney od mente po smjesi riže. Izlijte dhal smjesu preko vrha.
- Kuhajte na pari 7-8 minuta. Usitnite i poslužite vruće.

Ulundu Vada

(pržena grickalica u obliku krafne)

To je 12

Sastojci

600g/1lb 5oz urad dhal*, namočen preko noći i ocijeđen

4 zelena čilija, sitno nasjeckana

Posolite po ukusu

3 žlice vode

Rafinirano biljno ulje za prženje

metoda
- Sameljite dhal sa zelenim čilijem, soli i vodom.
- Od smjese oblikujte krafne.
- Zagrijte ulje u loncu. Dodajte pasate i pržite na srednjoj vatri dok ne porumene.
- Ocijediti na upijajućem papiru. Poslužite vruće uz ajvar od kokosa

Bhakar Wadi

(Začinjeni kotač od gram brašna)

Služi 4

Sastojci

500g/1lb 2oz graha*

175g/6oz integralnog brašna

Posolite po ukusu

Prstohvat asafetide

120 ml/4 fl oz vrućeg rafiniranog biljnog ulja plus dodatak za prženje

100 g/3½ oz sušenog kokosa

1 žličica sjemenki sezama

1 žličica maka

Prstohvat šećera

1 žličica čilija u prahu

25g/1oz lišća korijandera, sitno nasjeckanog

1 žlica paste od tamarinda

metoda

- Od besana, brašna, soli, asafetide, vrućeg ulja i dovoljno vode zamijesite čvrsto tijesto. Staviti na stranu.

- Suho tostirajte kokos, sezam i mak 3-5 minuta. Samljeti u prah.
- Dodajte šećer, sol, čili u prahu, listove korijandera i pastu od tamarinda u prah i dobro promiješajte da napravite nadjev. Staviti na stranu.
- Tijesto podijelite na kuglice veličine limuna. Svaku razvaljati u tanki disk.
- Na svaku ploču rasporediti fil tako da fil prekrije cijelu ploču. Svaki razvaljajte u čvrsti cilindar. Zalijepite rubove s malo vode.
- Izrežite cilindre u oblike poput kotačića.
- Zagrijte ulje u loncu. Dodajte pinwheel rolice i pržite na srednje jakoj vatri dok ne postanu hrskave.
- Ocijediti na upijajućem papiru. Čuvajte u hermetički zatvorenoj posudi nakon što se ohladi.

NAPOMENA: Mogu se čuvati dva tjedna.

Mangalorean Chaat

Služi 4

Sastojci

75g/2½oz chana dhal*

240 ml/8 fl oz vode

Posolite po ukusu

Velikodušan prstohvat sode bikarbone

2 velika krumpira sitno nasjeckana i skuhana

Svježi jogurt 350g/12oz

2 žlice granuliranog šećera

4 žlice rafiniranog biljnog ulja

1 žlica suhih listova piskavice

1 žličica paste od đumbira

1 žličica paste od češnjaka

2 zelena čilija

1 žličica mljevenog kumina, suho prepečenog

1 žličica garam masale

1 žlica amchoora*

1 žličica kurkume

½ žličice čilija u prahu

150 g slanutka iz konzerve

1 velika glavica luka sitno nasjeckana

2 žlice lišća korijandera, sitno nasjeckanog

metoda

- Kuhajte dhal s vodom, soli i sodom bikarbonom u loncu na srednjoj vatri 30 minuta. Dodajte još vode ako vam se dhal čini presuhim. Pomiješajte krumpir s dhal smjesom i ostavite sa strane.
- Jogurt umutiti sa šećerom. Stavite u zamrzivač da se ohladi.
- Zagrijte ulje u loncu. Dodajte listove piskavice i pržite na srednjoj vatri 3-4 minute.
- Dodajte pastu od đumbira, pastu od češnjaka, zeleni čili, mljeveni kumin, garam masalu, amchoor, kurkumu i čili u prahu. Pržite 2-3 minute uz stalno miješanje.
- Dodajte slanutak. Pirjajte 5 minuta uz stalno miješanje. Dodajte dhal smjesu i dobro promiješajte.
- Maknite s vatre i rasporedite smjesu na tanjur za posluživanje.
- Prelijte slatkim jogurtom.
- Pospite lukom i lističima korijandera. Poslužite odmah.

Pani Puri

To je 30

Sastojci
Za puris:

175g/6oz glatkog bijelog brašna

100 g krupice

Posolite po ukusu

Rafinirano biljno ulje za prženje

Za nadjev:

50 g proklijalog mungo graha

150 g proklijalog slanutka

Posolite po ukusu

2 velika krumpira, kuhana i zgnječena

Za sendvič:

2 žlice paste od tamarinda

100 g lišća korijandera, sitno nasjeckanog

1½ žličice mljevenog kumina, suho prepečenog

2-4 zelena čilija, sitno nasjeckana

2,5 cm/1 inč korijen đumbira

Krupna sol po ukusu

240 ml/8 fl oz vode

metoda

- Zamijesite sve čiste sastojke, osim ulja, sa toliko vode da dobijete čvrsto tijesto.
- Razvaljati na manje komade promjera 5 cm.
- Zagrijte ulje u tavi. Pržite puris do svijetlo smeđe boje. Staviti na stranu.
- Za nadjev proklijale mungo grah i slanutak posolite. Pomiješajte s krumpirom. Staviti na stranu.
- Za pani, sameljite sve sastojke za pani zajedno, osim vode.
- Dodajte ovu smjesu u vodu. Dobro izmiješajte i ostavite sa strane.
- Za posluživanje, probušite rupu u svakoj puri i napunite nadjevom. U svaki žlicom staviti 3 žlice štruce i odmah poslužiti.

Punjeno jaje od špinata

Služi 4

Sastojci

200 g špinata

Prstohvat sode bikarbone

1 žlica rafiniranog biljnog ulja

1 žličica sjemenki kumina

6 češnja češnjaka, zgnječenog

2 mljevena zelena čilija

Posolite po ukusu

8 tvrdo kuhanih jaja prepoloviti po dužini

1 žlica pročišćenog maslaca

1 glavica luka sitno nasjeckana

2,5 cm/1 inča korijena đumbira, nasjeckanog

metoda

- Pomiješajte špinat sa sodom bikarbonom. Kuhajte na pari dok ne omekša. Samljeti i ostaviti sa strane.
- Zagrijte ulje u loncu. Kad se počne dimiti, dodajte sjemenke kumina, češnjak i zeleni čili. Pržite nekoliko sekundi uz miješanje. Dodajte špinat kuhan na pari i posolite.
- Pokrijte poklopcem i kuhajte dok se ne osuši. Staviti na stranu.
- Žumanjke ocijediti od jaja. U smjesu od špinata dodajte žumanjke. Dobro promiješajte.
- Žlice smjese špinata i jaja stavite u prazan snijeg od bjelanjaka. Staviti na stranu.
- Zagrijte ghee u maloj tavi. Pirjajte luk i đumbir dok ne porumene.
- Ovo pospite po jajima. Poslužite vruće.

Sada Dosa

(palačinka od slane riže)

15 je

Sastojci

    100 g kuhane riže

    75g/2½oz urad dhal*

    ½ žličice sjemenki piskavice

    ½ žličice sode bikarbone

    Posolite po ukusu

    125 g umućenog jogurta

    60 ml/2 fl oz rafiniranog biljnog ulja

metoda

- Namočite rižu i dhal zajedno sa sjemenkama piskavice 7-8 sati.
- Ocijedite i meljite smjesu dok ne dobijete zrnastu pastu.
- Dodajte sodu bikarbonu i sol. Dobro promiješajte.
- Ostavite sa strane da fermentira 8-10 sati.
- Dodajte jogurt za pripremu tijesta. Ovo tijesto mora biti dovoljno gusto da njime možete premazati žlicu. Po potrebi dodajte malo vode. Staviti na stranu.

- Namastite i zagrijte ravnu tavu. Odozgo premazivati žlicom tijesta da se dobije tanka palačinka. Prelijte 1 žličicom ulja. Kuhajte dok ne postane hrskavo. Ponovite za ostatak tijesta i poslužite vruće.

Samose od krumpira

(slani krumpir)

To je 20

Sastojci

175g/6oz glatkog bijelog brašna

Prstohvat soli

5 žlica rafiniranog biljnog ulja plus dodatno za prženje

100 ml/3½ tečne unce vode

1 cm/½ in korijena đumbira, naribanog

2 zelena čilija, sitno nasjeckana

2 češnja češnjaka, sitno nasjeckana

½ žličice mljevenog korijandera

1 velika glavica luka sitno nasjeckana

2 velika krumpira, kuhana i zgnječena

1 žlica lišća korijandera, sitno nasjeckanog

1 žlica soka od limuna

½ žličice kurkume

1 žličica čilija u prahu

½ žličice garam masale

Posolite po ukusu

metoda

- Pomiješajte brašno sa soli, 2 žlice ulja i vodom. Umijesite podatno tijesto. Pokrijte vlažnom krpom i ostavite da odstoji 15-20 minuta.
- Ponovno premijesite tijesto. Pokriti vlažnom krpom i ostaviti sa strane.
- Za nadjev u tavi zagrijte 3 žlice ulja. Dodajte đumbir, zeleni čili, češnjak i mljeveni korijander. Pržite minutu na srednjoj vatri uz stalno miješanje.
- Dodajte luk i pržite dok ne porumeni.
- Dodajte krumpir, listove korijandera, limunov sok, kurkumu, čili u prahu, garam masalu i sol. Temeljito promiješajte.
- Kuhajte na laganoj vatri 4 minute uz povremeno miješanje. Staviti na stranu.
- Za izradu samosa tijesto podijelite na 10 loptica. Razvaljajte na diskove promjera 12 cm. Svaki disk izrežite na 2 polumjeseca.
- Prođite mokrim prstom duž promjera polumjeseca. Spojite krajeve kako biste formirali stožac.
- U kornet staviti žlicu nadjeva i stisnuti rubove. Ponovite za sve polumjesece.
- Zagrijte ulje u tavi. Pržite samose, pet po pet, na laganoj vatri dok ne porumene. Ocijediti na upijajućem papiru.
- Poslužite vruće uz chutney od mente

Vrući Kachori

(Phena okruglica s nadjevom od leće)

15 je

Sastojci

250g/9oz bijelog brašna plus 1 žlica za preljev

5 žlica rafiniranog biljnog ulja plus dodatno za prženje

Posolite po ukusu

1,4 litre/2½ pinte vode plus 1 žlica za krpanje

300g/10oz mung dhal*, natopljen 30 minuta

½ žličice mljevenog korijandera

½ žličice mljevenog komorača

½ žličice sjemenki kumina

½ žličice sjemena gorušice

2-3 prstohvata asafetide

1 žličica garam masale

1 žličica čilija u prahu

metoda

- Pomiješajte 250 g brašna sa 3 žlice ulja, soli i 100 ml vode. Umijesite mekano, podatno tijesto. Ostavite sa strane 30 minuta.
- Da biste napravili nadjev, kuhajte dhal s preostalom vodom u loncu na srednjoj vatri 45 minuta. Ocijedite i ostavite sa strane.
- U loncu zagrijte 2 žlice ulja. Kad se počne dimiti, dodajte mljeveni korijander, komorač, sjemenke kumina, sjemenke gorušice, asafoetidu, garam masalu, čili u prahu i sol. Pustite ih da pucketaju 30 sekundi.
- Dodajte kuhani dhal. Dobro izmiješajte i pržite 2-3 minute uz stalno miješanje.
- Ohladite dhal smjesu i podijelite je na 15 kuglica veličine limuna. Staviti na stranu.
- Pomiješajte 1 žlicu brašna s 1 žlicom vode da napravite pastu za krpanje. Staviti na stranu.
- Tijesto podijeliti na 15 loptica. Razvaljajte na diskove promjera 12 cm.
- Stavite 1 kuglicu nadjeva u sredinu diska. Brtvi kao vreća.
- Lagano spljoštite pritiskom između dlanova. Ponovite za preostale diskove.
- Zagrijte ulje u loncu dok se ne počne dimiti. Pržite diskove dok ne porumene s donje strane. Okrenite i ponovite.
- Ako se kachori podere tijekom prženja, zatvorite ga pastom.
- Ocijediti na upijajućem papiru. Poslužite vruće uz chutney od mente

Khandvi

(Besan Rolls)

10-15 je

Sastojci

60 g/2 oz zelenog graha*

Jogurt 60g/2oz

120 ml/4 fl oz vode

1 žličica kurkume

Posolite po ukusu

5 žlica rafiniranog biljnog ulja

1 žlica svježeg kokosa, naribanog

1 žlica lišća korijandera, sitno nasjeckanog

½ žličice sjemena gorušice

2 prstohvata asafetide

8 listova curryja

2 zelena čilija, sitno nasjeckana

1 žličica sjemenki sezama

metoda

- Pomiješajte besan, jogurt, vodu, kurkumu i sol.
- U tavi zagrijte 4 žlice ulja. Dodajte smjesu graha i kuhajte neprestano miješajući da se ne stvore grudice.
- Kuhajte dok smjesa ne napusti stijenke posude. Staviti na stranu.
- Namastite dvije posude za pečenje s neprijanjajućim premazom veličine 15 × 35 cm/6 × 14 inča. Ulijte smjesu od graha i zagladite lopaticom. Ostavite da se odmori 10 minuta.
- Smjesu narežite na trake širine 5 cm. Pažljivo zarolajte svaku traku.
- Rolice složiti na tanjur za posluživanje. Pospite naribanim kokosom i listićima korijandera. Staviti na stranu.
- Zagrijte 1 žlicu ulja u malom loncu. Dodajte sjemenke gorušice, asafetidu, listove curryja, zeleni čili i sjemenke sezama. Pustite ih da pucketaju 15 sekundi.
- Odmah prelijte preko valjušaka graha. Poslužite vruće ili na sobnoj temperaturi.

Trgovi Meke

(Kukuruzni kvadrati)

To je 12

Sastojci

  2 žličice gheeja

  100g/3½oz kukuruznih zrna, mljevenih

  Posolite po ukusu

  125 g kuhanog graška

  3 žlice rafiniranog biljnog ulja

  8 zelenih čilija, sitno nasjeckanih

  ½ žličice sjemenki kumina

  ½ žličice sjemena gorušice

  ½ žličice paste od češnjaka

  ½ žlice mljevenog korijandera

  ½ žlice mljevenog kima

  175 g kukuruznog brašna

  175g/6oz integralnog brašna

  150 ml/5 fl oz vode

metoda

- Zagrijte pročišćeni maslac u loncu. Kad se počne dimiti, pržite kukuruz 3 minute. Staviti na stranu.
- Skuhani grašak posolite. Grašak dobro zgnječiti. Staviti na stranu.
- U tavi zagrijte 2 žlice ulja. Dodajte zeleni čili, kumin i sjemenke gorušice. Pustite ih da pucketaju 15 sekundi.
- Dodajte prženi kukuruz, zgnječeni grašak, pastu od češnjaka, mljeveni korijander i mljeveni kim. Dobro promiješajte. Maknite s vatre i ostavite sa strane.
- Pomiješajte dva brašna. Dodajte sol i 1 žlicu ulja. Dodajte vodu i mijesite dok ne dobijete mekano tijesto.
- Razvaljajte 24 kvadratna oblika, svaki dimenzija 10x10 cm/4x4 inča.
- Stavite mješavinu kukuruza i graška u središte kvadrata i na vrh stavite drugi kvadrat. Lagano pritisnite rubove kvadrata kako biste ih zatvorili.
- Ponovite za ostale kvadrate.
- Namastite i zagrijte tavu koja se ne lijepi. Pecite kvadrate na tavi dok ne porumene.
- Poslužite vruće uz kečap.

Dhal Pakwan

(Hrskavi kruh s lećom)

Služi 4

Sastojci

600g/1lb 5oz chana dhal*

3 žlice rafiniranog biljnog ulja

1 žličica sjemenki kumina

750 ml/1¼ litre vode

Posolite po ukusu

½ žličice kurkume

½ žličice amchoora*

10 g lišća korijandera, sitno nasjeckanog

Za pakwan:

250g/9oz glatkog bijelog brašna

½ žličice sjemenki kumina

Posolite po ukusu

Rafinirano biljno ulje za prženje

metoda

- Namočite chana dhal 4 sata. Ocijedite i ostavite sa strane.
- Zagrijte ulje u loncu. Dodajte sjemenke kumina. Pustite ih da pucketaju 15 sekundi.
- Dodajte namočeni dhal, vodu, sol i kurkumu. Pirjajte 30 minuta.
- Premjestite na tanjur za posluživanje. Pospite amčorom i listićima korijandera. Staviti na stranu.
- Zamijesite sve sastojke za pakwan, osim ulja, sa toliko vode da dobijete čvrsto tijesto.
- Podijeliti na kuglice veličine oraha. Razvaljajte na deblje diskove promjera 10 cm/4 inča. Sve izbockati vilicom.
- Zagrijte ulje u tavi. Pržite diskove dok ne porumene. Ocijediti na upijajućem papiru.
- Poslužite pakwane s vrućim dhalom.

Začinjeno Sev

(začinjene pahuljice od brašna od slanutka)

Služi 4

Sastojci

500g/1lb 2oz graha*

1 žličica sjemenki ajowana

1 žlica rafiniranog biljnog ulja plus dodatno za prženje

¼ žličice asafetide

Posolite po ukusu

200 ml/7 fl oz vode

metoda

- Umijesite besan sa sjemenkama ajowana, uljem, asafetidom, soli i vodom u ljepljivo tijesto.
- Stavite tijesto u slastičarsku vrećicu.
- Zagrijte ulje u loncu. Tijesto utisnite kroz mlaznicu u obliku rezanaca u tavu i lagano popržite s obje strane.
- Dobro ocijedite i ohladite prije spremanja.

BILJEŠKA:*Ovo se može čuvati dva tjedna.*

Punjeni vegetarijanski polumjesec

To je 6

Sastojci

350g/12oz glatkog bijelog brašna

6 žlica vrućeg rafiniranog biljnog ulja plus dodatno za prženje

Posolite po ukusu

1 rajčica, narezana na ploške

Za nadjev:

3 žlice rafiniranog biljnog ulja

200 g graška

1 mrkva, julienned

100 g zelenih mahuna, narezanih na tanke trakice

4 žlice svježeg naribanog kokosa

3 zelena čilija

2,5 cm/1 inča korijena đumbira, nasjeckanog

4 žličice lišća korijandera, sitno nasjeckanog

2 žličice šećera

2 žličice soka od limuna

Posolite po ukusu

metoda

- Prvo pripremite nadjev. Zagrijte ulje u loncu. Dodajte grašak, mrkvu i mahune te pržite uz stalno miješanje dok ne omekšaju.
- Dodajte sve ostale sastojke za nadjev i dobro promiješajte. Staviti na stranu.
- Pomiješajte brašno s uljem i soli. Umijesiti cvrsto tijesto.
- Podijelite tijesto na 6 loptica veličine limuna.
- Svaku kuglicu razvaljajte u disk promjera 10 cm.
- Na pola diska rasporedite nadjev od povrća. Presavijte drugu polovicu da pokrijete nadjev i pritisnite rubove da se zatvore.
- Ponovite za sve diskove.
- Zagrijte ulje u loncu. Dodajte polumjesece i pržite dok ne porumene.
- Posložite ih na okrugli tanjur za posluživanje i ukrasite ploškama rajčice. Poslužite odmah.

Kachori Usal

(Pohovani kruh sa slanutkom)

Služi 4

Sastojci
Za prhko tijesto:

50 g lišća piskavice sitno nasjeckanog

175g/6oz integralnog brašna

2 zelena čilija, sitno nasjeckana

1 žličica paste od đumbira

¼ žličice kurkume

100 ml/3½ tečne unce vode

Posolite po ukusu

Za nadjev:

1 žličica rafiniranog biljnog ulja

250 g mungo graha, kuhanog

250 g kuhanog zelenog slanutka

¼ žličice kurkume

½ žličice čilija u prahu

1 žličica mljevenog korijandera

1 žličica mljevenog kima

Posolite po ukusu

Za umak:

2 žličice rafiniranog biljnog ulja

2 velike glavice luka sitno nasjeckane

2 rajčice, nasjeckane

1 žličica paste od češnjaka

½ žličice garam masale

¼ žličice čilija u prahu

Posolite po ukusu

metoda

- Pomiješajte sve sastojke za prhko tijesto. Umijesiti čvrsto tijesto. Staviti na stranu.
- Za nadjev zagrijte ulje u tavi i pirjajte sve sastojke za nadjev na srednjoj vatri 5 minuta. Staviti na stranu.
- Za umak zagrijte ulje u tavi. Dodajte sve sastojke za umak. Pržite 5 minuta uz povremeno miješanje. Staviti na stranu.
- Tijesto podijeliti na 8 dijelova. Svaki dio razvaljajte u disk promjera 10 cm.
- Stavite malo nadjeva u sredinu diska. Zatvorite kao vrećicu i zagladite da dobijete nadjevenu kuglu. Ponovite za sve diskove.

- Kuglice kuhajte na pari 15 minuta.
- Dodajte kuglice u umak i pomiješajte da se premazuju. Kuhajte na laganoj vatri 5 minuta.
- Poslužite vruće.

Dhal Dhokli

(Gujarati slani zalogaj)

Služi 4

Sastojci
Za dhokli:

175g/6oz integralnog brašna

Prstohvat kurkume

¼ žličice čilija u prahu

½ žličice sjemenki ajowana

1 žličica rafiniranog biljnog ulja

100 ml/3½ tečne unce vode

Za dhal:

2 žlice rafiniranog biljnog ulja

3-4 klinčića

5 cm/2 inča cimeta

1 žličica sjemena gorušice

300g/10oz masoor dhal*, kuhano i pasirano

½ žličice kurkume

Prstohvat asafetide

1 žlica paste od tamarinda

2 žlice naribanog jaggera*

60g/2oz kikirikija

1 žličica mljevenog korijandera

1 žličica mljevenog kima

½ žličice čilija u prahu

Posolite po ukusu

25g/1oz lišća korijandera, sitno nasjeckanog

metoda

- Pomiješajte sve sastojke za dhokli. Mijesite dok se ne formira čvrsto tijesto.
- Tijesto podijeliti na 5-6 loptica. Razvaljati na deblje diskove promjera 6 cm. Ostavite sa strane 10 minuta da se stvrdne.
- Izrežite dhokli diskove na komade u obliku dijamanta. Staviti na stranu.
- Za dhal zagrijte ulje u loncu. Dodajte klinčiće, cimet i sjemenke gorušice. Pustite ih da pucketaju 15 sekundi.
- Dodajte sve ostale dhal sastojke, osim listova korijandera. Dobro promiješajte. Kuhajte na jakoj vatri dok dhal ne počne kuhati.
- Dodajte komade dhoklija u kipući dhal. Nastavite kuhati na laganoj vatri 10 minuta.
- Ukrasite listićima korijandera. Poslužite vruće.

misal

(Zdrava grickalica s proklijalim grahom)

Služi 4

Sastojci

3-4 žlice rafiniranog biljnog ulja

½ žličice sjemena gorušice

¼ žličice asafetide

6 listova curryja

1 žličica paste od đumbira

1 žličica paste od češnjaka

25g/1oz lišća korijandera, samljevenog u blenderu

1 žličica čilija u prahu

1 žličica paste od tamarinda

2 žličice naribanog jaggera*

Posolite po ukusu

300 g proklijalog mungo graha, kuhanog

2 velika krumpira izrezana na kockice i kuhana

500 ml/16 fl oz vode

300g/10oz Bombay mješavina*

1 velika rajčica, sitno nasjeckana

1 velika glavica luka sitno nasjeckana

25g/1oz lišća korijandera, sitno nasjeckanog

4 kriške kruha

Za mješavinu začina:

1 žličica sjemenki kumina

2 žličice sjemenki korijandera

2 klinčića

3 zrna papra

¼ žličice mljevenog cimeta

metoda

- Sameljite sve sastojke za začinsku mješavinu. Staviti na stranu.
- Zagrijte ulje u loncu. Dodajte sjemenke gorušice, asafetidu i listove curryja. Pustite ih da pucketaju 2-3 minute.
- Dodajte pastu od đumbira, pastu od češnjaka, mljevene listove korijandera, čili u prahu, pastu od tamarinda, jaggery i sol. Dobro promiješajte i kuhajte 3-4 minute.
- Dodajte mljevenu mješavinu začina. Pirjajte 2-3 minute.
- Dodajte proklijale mahune, krumpir i vodu. Dobro promiješajte i pirjajte 15 minuta.
- Prebacite u zdjelu za posluživanje i po vrhu pospite Bombay Mix, nasjeckanu rajčicu, nasjeckani luk i listiće korijandera.
- Poslužite vruće s kriškom kruha sa strane.

Pandora

(Mung Dhal snack)

To je 12

Sastojci

1 zeleni čili, prepolovljen po dužini

Posolite po ukusu

1 žličica sode bikarbone

¼ žličice asafetide

250g/9oz cijeli mung dhal*, natopljen 4 sata

2 žličice rafiniranog biljnog ulja

2 žličice lišća korijandera, sitno nasjeckanog

metoda

- Dodajte zeleni čili, sol, sodu bikarbonu i asafoetidu u dhal. Samljeti dok ne dobijete pastu.
- Podmažite okrugli kalup za tortu od 20 cm/8 inča uljem i ulijte dhal pastu. Kuhajte na pari 10 minuta.
- Ostavite kuhanu dhal smjesu sa strane 10 minuta. Kad se ohladi, izrežite na komade od 2,5 cm/1 inča.
- Ukrasite listićima korijandera. Poslužite vruće uz ajvar od zelenog kokosa

Adai od povrća

(palačinka od povrća, riže i leće)

To je 8

Sastojci

100 g kuhane riže

150g/5½oz masoor dhal*

75g/2½oz urad dhal*

3-4 crvena čilija

¼ žličice asafetide

Posolite po ukusu

4 žlice vode

1 glavica luka sitno nasjeckana

½ mrkve, sitno nasjeckane

50 g kupusa,

4-5 listova curryja sitno nasjeckanih

10 g lišća korijandera, sitno nasjeckanog

4 žličice rafiniranog biljnog ulja

metoda

- Namočite rižu i dhal zajedno oko 20 minuta.
- Ocijedite i dodajte crveni čili, asafetidu, sol i vodu. Samljeti u grubu pastu.
- Dodajte luk, mrkvu, kupus, lišće curryja i lišće korijandera. Dobro izmiješajte da dobijete tijesto slične konzistenciji biskvita. Dodajte još vode ako konzistencija nije odgovarajuća.
- Namastiti ravnu tepsiju. Ulijte žlicu smjese. Razmazati stražnjom stranom žlice da se dobije tanka palačinka.
- Oko palačinke prelijte pola žličice ulja. Okrenite za pečenje s obje strane.
- Ponovite za ostatak tijesta. Poslužite vruće uz ajvar od kokosa

Začinjeni klip kukuruza

Služi 4

Sastojci

8 klasova kukuruza

Slani maslac po ukusu

Posolite po ukusu

2 žličice chaat masale*

2 limuna, prepolovljena

metoda

- Klipove kukuruza ispecite na roštilju ili otvorenoj vatri dok ne porumene.
- Utrljajte maslac, sol, chaat masalu i limun preko svakog klipa.
- Poslužite odmah.

Narezak od miješanog povrća

To je 12

Sastojci

Posolite po ukusu

¼ žličice mljevenog crnog papra

4-5 većih krompira, skuhanih i zgnječenih

2 žlice rafiniranog biljnog ulja plus dodatno za prženje

1 manja glavica luka sitno nasjeckana

½ žličice garam masale

1 žličica soka od limuna

100 g smrznutog miješanog povrća

2-3 zelena čilija, sitno nasjeckana

50 g lišća korijandera, sitno nasjeckanog

250g/9oz arrowroot praha

150 ml/5 fl oz vode

100 g krušnih mrvica

metoda

- Krumpir posolite i popaprite. Dobro sjediniti i podijeliti na 12 loptica. Staviti na stranu.
- Za nadjev u tavi zagrijte 2 žlice ulja. Pirjajte luk na srednjoj vatri dok ne postane proziran.
- Dodajte garam masalu, limunov sok, miješano povrće, zeleni čili i listiće korijandera. Dobro promiješajte i kuhajte na srednjoj vatri 2-3 minute. Dobro zgnječiti i ostaviti sa strane.
- Namašćenim dlanovima spljoštite okruglice krumpira.
- Na svaku pljesku od krumpira stavite malo smjese za nadjev. Začepiti da se dobiju rebra duguljastog oblika. Staviti na stranu.
- Pomiješajte prah arrowroota s dovoljno vode da dobijete rijetku smjesu.
- Zagrijte ulje u tavi. Kotlete umočite u tijesto, premažite ih prezlama i pržite na srednjoj vatri dok ne porumene.
- Ocijedite i poslužite vruće.

Idli Upma

(užina kolača od kuhane riže)

Služi 4

Sastojci

5 žlica rafiniranog biljnog ulja

½ žličice sjemena gorušice

½ žličice sjemenki kumina

1 čajna žličica urad dhal*

2 zelena čilija, prerezana po dužini

8 listova curryja

Prstohvat asafetide

¼ žličice kurkume

8 spljoštenih idlisa

2 žličice granuliranog šećera

1 žlica lišća korijandera, sitno nasjeckanog

Posolite po ukusu

metoda

- Zagrijte ulje u loncu. Dodajte sjemenke gorušice, sjemenke kumina, urad dhal, zeleni čili, listove curryja, asafoetidu i kurkumu. Pustite ih da pucketaju 30 sekundi.
- Dodajte nasjeckani idlis, kristalni šećer, korijander i sol. Lagano promiješajte.
- Poslužite odmah.

Dhal Bhajiya

(pržene kuglice od leće u tijestu)

15 je

Sastojci

250/9 oz mung dhal*, natopljen 2-3 sata

2 zelena čilija, sitno nasjeckana

2 žlice lišća korijandera, sitno nasjeckanog

1 žličica sjemenki kumina

Posolite po ukusu

Rafinirano biljno ulje za prženje

metoda
- Dhal ocijediti i krupno samljeti.
- Dodajte čili, listiće korijandera, sjemenke kumina i sol. Dobro promiješajte.
- Zagrijte ulje u tavi. Dodajte male porcije dhal smjese i pržite na srednje jakoj vatri dok ne porumeni.
- Poslužite vruće uz chutney od mente

Masala Papad

(popadomi začinjeni začinima)

To je 8

Sastojci

2 rajčice, sitno nasjeckane

2 velike glavice luka sitno nasjeckane

3 zelena čilija, sitno nasjeckana

10 g lišća korijandera, nasjeckanog

2 žličice soka od limuna

1 žličica chaat masale*

Posolite po ukusu

8 makova

metoda
- Pomiješajte sve sastojke, osim poppadoma, u zdjeli.
- Poppadome pecite na jakoj vatri okrećući ih sa svake strane. Pazite da ih ne zagorite.
- Na svaku poppadom rasporedite mješavinu povrća. Poslužite odmah.

Sendvič s povrćem

To je 6

Sastojci

12 kriški kruha

50 g maslaca

100 g ajvara od mente

1 veliki krumpir, kuhan i tanko narezan

1 rajčica, tanko narezana

1 veliki luk, narezan na tanke ploške

1 krastavac, tanko narezan

Chaat Masala*ukus

Posolite po ukusu

metoda

- Kriške kruha premažite maslacem i svaku nanesite u tankom sloju ajvara od mente.
- Na 6 kriški kruha stavite sloj krumpira, rajčice, luka i kriški krastavca.
- Pospite malo chaat masale i soli.
- Pokrijte preostalim kriškama kruha i režite po želji. Poslužite odmah.

Rolice od proklijalog mahune

To je 8

Sastojci

175g/6oz integralnog brašna

2 žlice bijelog brašna

½ žličice granuliranog šećera

75 ml/ 2½ fl oz vode

50 g smrznutog graška

Proklijali mung grah 25 g / 1 oz malo

2 žlice rafiniranog biljnog ulja

50 g špinata, sitno nasjeckanog

1 manja rajčica, sitno nasjeckana

1 manja glavica luka sitno nasjeckana

30 g listova kupusa sitno nasjeckanog

1 žličica mljevenog kima

1 žličica mljevenog korijandera

¼ žličice paste od đumbira

¼ žličice paste od češnjaka

60 ml vrhnja

Posolite po ukusu

750g/1lb 10oz jogurta

metoda

- Pomiješajte integralno brašno, bijelo brašno, šećer i vodu. Umijesiti cvrsto tijesto. Staviti na stranu.
- Skuhajte grašak i mung grah u minimalno vode. Ocijedite i ostavite sa strane.
- Zagrijte ulje u loncu. Dodajte špinat, rajčicu, luk i kupus. Pržite uz povremeno miješanje dok rajčica ne postane kašasta.
- Dodajte mješavinu graška i mung graha zajedno sa svim ostalim sastojcima osim tijesta. Kuhajte na srednjoj vatri dok se ne osuši. Staviti na stranu.
- Od tijesta napravite tanke chapatte.
- Na jednu stranu svakog chapatta uzdužno u sredinu stavite kuhanu smjesu i zarolajte. Poslužite uz chutney od mente i jogurt.

Chutney sendvič

To je 6

Sastojci

12 kriški kruha

½ žličice maslaca

6 žlica ajvara od mente

4 rajčice, narezane na ploške

metoda

- Premažite maslacem sve kriške kruha. Namažite chutney od mente na 6 kriški.
- Posložite rajčice na chutney od mente i prekrijte drugom ploškom namazanom maslacem. Poslužite odmah.

Chatpata Gobhi

(ljuta grickalica od cvjetače)

Služi 4

Sastojci

500g/1lb cvjetova cvjetače od 2oz

Posolite po ukusu

1 žličica mljevenog crnog papra

1 žlica rafiniranog biljnog ulja

1 žlica soka od limuna

metoda

- Cvjetove cvjetače kuhajte na pari 10 minuta. Ostaviti sa strane da se ohladi.
- Cvjetiće kuhane na pari dobro pomiješajte s ostalim sastojcima. Rasporedite cvjetaču na vatrostalni pleh i pecite je na roštilju 5-7 minuta, ili dok ne porumeni. Poslužite vruće.

Sabudana Vada

(sago kotlet)

To je 12

Sastojci

300g/10oz sagoa

125 g kikirikija, prženog i krupno nasjeckanog

2 velika krumpira, kuhana i zgnječena

5 mljevenih zelenih čilija

Posolite po ukusu

Rafinirano biljno ulje za prženje

metoda

- Namočite sago 5 sati. Dobro ocijedite i ostavite sa strane 3-4 sata.
- Sago pomiješajte sa svim sastojcima, osim ulja. Dobro promiješajte.
- Namastite dlanove i smjesom napravite dvanaest polpeti.
- Zagrijte ulje u tavi. Pržite 3-4 polpete odjednom na srednjoj vatri dok ne porumene.
- Ocijediti na upijajućem papiru. Poslužite vruće uz chutney od mente.

Upma kruh

(užina od kruha)

Služi 4

Sastojci

2 žlice rafiniranog biljnog ulja

½ žličice sjemena gorušice

½ žličice sjemenki kumina

3 zelena čilija, prerezana po dužini

½ žličice kurkume

¼ žličice asafetide

2 glavice luka sitno nasjeckane

2 rajčice, sitno nasjeckane

Posolite po ukusu

2 žličice šećera

3-4 žlice vode

15 kriški kruha, narezanih na komade

1 žlica lišća korijandera, nasjeckanog

metoda

- Zagrijte ulje u tavi. Dodajte sjemenke gorušice, sjemenke kima, zeleni čili, kurkumu i asafetidu. Pustite ih da pucketaju 15 sekundi.
- Dodajte luk i pirjajte dok ne postane proziran. Dodajte rajčice, sol, šećer i vodu. Zakuhajte na srednjoj vatri.
- Dodajte kruh i dobro promiješajte. Pirjajte 2-3 minute uz povremeno miješanje.
- Ukrasite listićima korijandera. Poslužite vruće.

Začinjena khaja

(ljute okruglice od brašna s đumbirom)

25-30 je

Sastojci

500g/1lb 2oz graha*

85g/3oz glatkog bijelog brašna

2 žličice čilija u prahu

½ žličice sjemenki ajowana

½ žličice sjemenki kumina

1 žlica lišća korijandera, nasjeckanog

Posolite po ukusu

200 ml/7 fl oz vode

1 žlica rafiniranog biljnog ulja plus dodatno za prženje

metoda

- Miješajte sve sastojke osim ulja za prženje dok ne dobijete mekano tijesto.

- Oblikovati 25-30 kuglica promjera 10 cm. Sve izbockajte vilicom.

- Ostavite da se suši na čistoj krpi 25-30 minuta.

- Pržite dok ne porumene. Ocijedite, ohladite i čuvajte do 15 dana.

Hrskavi krumpir

Služi 4

Sastojci

Grčki jogurt 500g/1lb 2oz

1 žličica paste od đumbira

1 žličica paste od češnjaka

1 žličica garam masale

1 žličica mljevenog kumina, suho prepečenog

1 žlica nasjeckanih listova metvice

½ žlice lišća korijandera, nasjeckanog

Posolite po ukusu

2 žlice rafiniranog biljnog ulja

4-5 krumpira, oguljenih i narezanih na julienne trake

metoda

- Jogurt umutiti u posudi. Dodati sve sastojke osim ulja i krumpira. Dobro promiješajte.

- Marinirajte krumpir s jogurtom 3-4 sata u hladnjaku.

- U tepsiju ulijte ulje i na njega poslažite marinirani krumpir.

- Pecite na roštilju 10 minuta. Okrenite krumpire i pecite ih na roštilju još 8-10 minuta dok ne postanu hrskavi. Poslužite vruće.

Dhal Vada

(pržene polpete od miješane leće)

15 je

Sastojci

300g/10oz cijelog masoor dhala*

150g/5½oz masoor dhal*

1 velika glavica luka sitno nasjeckana

2,5 cm/1 inča korijena đumbira, sitno nasjeckanog

3 zelena čilija, sitno nasjeckana

¼ žlice asafetide

Posolite po ukusu

Rafinirano biljno ulje za prženje

metoda

- Pomiješajte dhal zajedno. Stavite u cjedilo i ulijte malo vode. Ostavite sa strane sat vremena. Osušite ručnikom.

- Samljeti dhal u pastu. Dodajte sve ostale sastojke osim ulja. Dobro izmiješajte i od smjese oblikujte polpete.

- Zagrijte ulje u tavi. Pržite mesne okruglice na srednjoj vatri dok ne porumene. Poslužite vruće uz chutney od mente

Začinjene palačinke od banane

Služi 4

Sastojci

4 nezrele banane

125g/4½oz zelenog graha*

75 ml/ 2½ fl oz vode

½ žličice čilija u prahu

¼ žličice kurkume

½ žličice amchoora*

Posolite po ukusu

Rafinirano biljno ulje za prženje

metoda

- Banane u ljusci kuhajte na pari 7-8 minuta. Ogulite i narežite. Staviti na stranu.

- Sve ostale sastojke, osim ulja, miksati dok se ne dobije gusta smjesa. Staviti na stranu.

- Zagrijte ulje u tavi. Umočite kriške banane u tijesto i pržite ih na srednjoj vatri dok ne porumene.

- Poslužite vruće uz chutney od mente

Masala Dosa

(Crêpe sa pikantnim nadjevom od krumpira)

10-12 je

Sastojci

2 žlice rafiniranog biljnog ulja

½ žlice urad dhal*

½ žličice sjemenki kumina

½ žličice sjemena gorušice

2 velika luka, sitno narezana

¼ žličice kurkume

Posolite po ukusu

2 velika krumpira, kuhana i nasjeckana

1 žlica lišća korijandera, nasjeckanog

Svježa sada dosa

metoda

- Zagrijte ulje u loncu. Dodajte urad dhal, kumin i sjemenke gorušice. Pustite ih da pucketaju 15 sekundi. Dodajte luk i pržite dok ne postane proziran.

- Dodajte kurkumu, sol, krumpir i listiće korijandera. Dobro promiješajte i maknite s vatre.

- Stavite žlicu ove mješavine krumpira u sredinu svake sada dose.

- Savijte u trokut da pokrije smjesu krumpira. Poslužite vruće uz ajvar od kokosa

Soja kebab

To je 2

Sastojci

500g/1lb 2oz soja nuggets, namočenih preko noći

1 glavica luka sitno nasjeckana

3-4 češnja češnjaka

2,5 cm/1 inč korijen đumbira

1 žličica soka od limuna

2 žličice lišća korijandera, nasjeckanog

2 žlice badema, namočenih i u listićima

½ žličice garam masale

½ žličice čilija u prahu

1 žličica chaat masale*

Rafinirano biljno ulje za plitko prženje

metoda

- Ocijedite sojine krokete. Dodajte sve ostale sastojke osim ulja. Samljeti u gustu pastu i ostaviti u hladnjaku 30 minuta.

- Smjesu podijelite na kuglice veličine oraha i spljoštite ih.

- Zagrijte ulje u tavi. Dodajte ražnjiće i lagano pržite dok ne porumene. Poslužite vruće uz chutney od mente

Krupica Idli

(Kolač od griza)

To je 12

Sastojci

4 žličice rafiniranog biljnog ulja

150 g griza

120 ml kiselog vrhnja

¼ žličice sjemena gorušice

¼ žličice sjemenki kumina

5 zelenih čilija, nasjeckanih

1 cm/½ inča korijena đumbira, nasjeckanog

4 žlice lišća korijandera, sitno nasjeckanog

Posolite po ukusu

4-5 listova curryja

metoda

- U loncu zagrijte 1 žličicu ulja. Dodajte griz i pržite 30 sekundi. Dodajte kiselo vrhnje. Staviti na stranu.

- Zagrijte preostalo ulje u tavi. Dodajte sjemenke gorušice, sjemenke kima, zeleni čili, đumbir, listove korijandera, sol i listove curryja. Pržite uz miješanje 2 minute.

- To dodajte smjesi od griza. Ostavite sa strane 10 minuta.

- Smjesu od griza izlijte u maslacem namazane kalupe ili kalupe za kolače. Kuhajte na pari 15 minuta. Izvaditi iz kalupa. Poslužite vruće.

Kotlet od krumpira i jaja

Služi 4

Sastojci

4 tvrdo kuhana jaja, zgnječena

2 krumpira, kuhana i zgnječena

½ žličice mljevenog crnog papra

2 zelena čilija, nasjeckana

1 cm/½ korijena đumbira, sitno nasjeckanog

2 češnja češnjaka, sitno nasjeckana

½ žličice limunovog soka

Posolite po ukusu

Rafinirano biljno ulje za plitko prženje

metoda

- Pomiješajte sve sastojke osim ulja.
- Podijeliti na kuglice veličine oraha i pritisnuti da se oblikuju kotleti.
- Zagrijte ulje u loncu. Dodajte kotlete i pržite dok ne porumene.
- Poslužite vruće.

Chivda

(Mješavina tučene riže)

Služi 4

Sastojci

   2 žlice rafiniranog biljnog ulja

   1 žličica sjemena gorušice

   ½ žličice sjemenki kumina

   ½ žličice kurkume

   8 listova curryja

   750g/1lb 10oz poha*

   125 g kikirikija

   75g/2½oz chana dhal*, pečeno

   1 žlica granuliranog šećera

   Posolite po ukusu

metoda

- Zagrijte ulje u loncu. Dodajte sjemenke gorušice, sjemenke kumina, kurkumu i listove curryja. Pustite ih da pucketaju 15 sekundi.

- Dodajte sve ostale sastojke i uz miješanje pržite 4-5 minuta na laganoj vatri.

- Ostaviti da se potpuno ohladi. Čuvati u hermetički zatvorenoj posudi.

BILJEŠKA:*Ovo se može čuvati do 15 dana.*

Bhajjia kruh

(palačinke od kruha)

Služi 4

Sastojci

Kukuruzno brašno 85g/3oz

1 glavica luka sitno nasjeckana

½ žličice čilija u prahu

1 žličica mljevenog korijandera

Posolite po ukusu

75 ml/ 2½ fl oz vode

8 kriški kruha, na četvrtine

Rafinirano biljno ulje za prženje

metoda

- Sve sastojke osim kruha i ulja miksajte dok ne dobijete gustu smjesu.
- Zagrijte ulje u tavi. Umočite komade kruha u tijesto i pržite dok ne porumene.
- Poslužite vruće uz kečap ili ajvar od mente.

Masala od jaja

Služi 4

Sastojci

2 manja luka nasjeckana

2 zelena čilija, nasjeckana

2 žlice rafiniranog biljnog ulja

1 žličica paste od đumbira

1 žličica paste od češnjaka

1 žličica čilija u prahu

½ žličice kurkume

1 žličica mljevenog korijandera

1 žličica mljevenog kima

½ žličice garam masale

2 rajčice, sitno nasjeckane

2 žlice graha*

Posolite po ukusu

25g/1oz lišća korijandera, sitno nasjeckanog

8 jaja tvrdo kuhati i prepoloviti

metoda

- Samljeti nasjeckani luk i zelene papričice zajedno kako biste dobili grubu pastu.

- Zagrijte ulje u loncu. Dodajte ovu pastu zajedno s pastom od đumbira, pastom od češnjaka, čilijem u prahu, kurkumom, mljevenim korijanderom, mljevenim kimom i garam masalom. Dobro izmiješajte i pržite 3 minute uz stalno miješanje.

- Dodajte rajčice i pirjajte 4 minute.

- Dodati besan i posoliti. Dobro izmiješajte i pirjajte još minutu.

- Dodajte listiće korijandera i pirjajte još 2-3 minute na srednjoj vatri.

- Dodajte jaja i lagano promiješajte. Masala treba dobro prekriti jaja sa svih strana. Kuhajte na laganoj vatri 3-4 minute.

- Poslužite vruće.

Pakoda od kozica

(zalogaj s prženim škampima)

Služi 4

Sastojci

250 g kozica, očišćenih od ljuske i vena

Posolite po ukusu

375 g/13 oz zelenog graha*

1 žličica paste od đumbira

1 žličica paste od češnjaka

½ žličice kurkume

1 žličica garam masale

150 ml/5 fl oz vode

Rafinirano biljno ulje za prženje

metoda
- Marinirajte kozice u soli 20 minuta.
- Dodajte ostale sastojke osim ulja.
- Dodajte toliko vode da dobijete gusto tijesto.
- Zagrijte ulje u loncu. Dodavati male žličnjake tijestu i pržiti na srednjoj vatri dok ne porumeni. Ocijediti na upijajućem papiru.

- Poslužite vruće uz chutney od mente.

Čips od sira

Poslužuje 6

Sastojci

  2 žlice bijelog brašna

  240 ml/8 fl oz mlijeka

  4 žlice maslaca

  1 glavica luka srednje veličine, sitno nasjeckana

  Posolite po ukusu

  150 g kozjeg sira, ocijeđenog

  150 g cheddar sira, naribanog

  12 kriški kruha

  2 jaja, istučena

metoda

- Pomiješajte brašno, mlijeko i 1 žličicu maslaca u loncu. Pustite da prokuha, pazeći da se ne stvore grudice. Kuhajte na laganoj vatri dok se smjesa ne zgusne. Staviti na stranu.
- U loncu zagrijte preostali maslac. Pržite luk na srednjoj vatri dok ne omekša.
- Dodajte sol, kozji sir, cheddar sir i mješavinu brašna. Dobro izmiješajte i ostavite sa strane.
- Maslacem premažite kriške kruha. Žlicom smjese od sira premažite 6 šnita i poklopite s ostalih 6 šnita.
- Površinu ovih kiflica premažite razmućenim jajetom.
- Pecite u prethodno zagrijanoj pećnici na 180°C (350°F/Gas Mark 6) 10-15 minuta dok ne porumene. Poslužite vruće uz kečap.

Mysore Bonda

(južnoindijske pržene okruglice od brašna)

To je 12

Sastojci

175g/6oz glatkog bijelog brašna

1 manja glavica luka sitno nasjeckana

1 žlica rižinog brašna

120 ml kiselog vrhnja

Prstohvat sode bikarbone

2 žlice lišća korijandera, nasjeckanog

Posolite po ukusu

Rafinirano biljno ulje za prženje

metoda

- Pripremite tijesto tako da pomiješate sve sastojke osim ulja. Ostavite sa strane 3 sata.
- Zagrijte ulje u tavi. Ulijte žlicu tijesta i pržite na srednjoj vatri dok ne porumeni. Poslužite vruće uz kečap.

Radhaballabhi

(bengalske slane rolnice)

12-15 je

Sastojci

4 žlice mung dala*

4 žlice chana dhal*

4 klinčića

3 zelene mahune kardamoma

½ žličice sjemenki kumina

3 žlice gheeja plus dodatak za prženje

Posolite po ukusu

350g/12oz glatkog bijelog brašna

metoda

- Namočite dhal preko noći. Ocijedite vodu i sameljite u pastu. Staviti na stranu.
- Samljeti zajedno klinčiće, kardamom i sjemenke kumina.
- Zagrijte 1 žlicu gheeja u tavi. Mljevene začine pržite 30 sekundi. Dodajte dhal pastu i sol. Pirjajte na srednjoj vatri dok se ne osuši. Staviti na stranu.

- Pomiješajte brašno s 2 žlice pročišćenog maslaca, soli i toliko vode da dobijete čvrsto tijesto. Podijeliti na kuglice veličine limuna. Razvaljajte u diskove i na sredinu svakog stavite male loptice prženog dhala. Brtvi kao vreća.
- Kuverte zarolajte u deblje salvete promjera 10 cm. Staviti na stranu.
- Zagrijte pročišćeni maslac u loncu. Pržite puris dok ne porumene.
- Ocijedite na upijajućem papiru i poslužite vruće.

Medù Idi

(Deserti od pržene leće)

Služi 4

Sastojci

300g/10oz urad dhal*, natopljen 6 sati

Posolite po ukusu

¼ žličice asafetide

8 listova curryja

1 žličica sjemenki kumina

1 žličica mljevenog crnog papra

Rafinirano povrće za prženje

metoda

- Ocijedite urad dhal i sameljite u gustu, suhu pastu.
- Dodajte sve ostale sastojke osim ulja i dobro promiješajte.
- Navlažite dlanove. Tijesto oblikujte u kuglu veličine limuna, spljoštite i u sredini napravite rupu kao krafnu. Ponovite za ostatak tijesta.
- Zagrijte ulje u tavi. Paste pržite dok ne porumene.
- Poslužite vruće uz sambhar.

Omlet od rajčice

To je 10

Sastojci

2 velike rajčice, sitno nasjeckane

180 g zelenih mahuna*

85g/3oz integralnog brašna

2 žlice griza

1 velika glavica luka sitno nasjeckana

½ žličice paste od đumbira

½ žličice paste od češnjaka

¼ žličice kurkume

½ žličice čilija u prahu

1 žličica mljevenog korijandera

½ žličice mljevenog kumina, suho prepečenog

25 g/1 oz lišća korijandera, nasjeckanog

Posolite po ukusu

120 ml/4 fl oz vode

Rafinirano povrće za podmazivanje

metoda

- Sve sastojke osim ulja miksajte dok ne dobijete gustu smjesu.
- Namastite i zagrijte ravnu tavu. Odozgo premažite žlicom smjese.
- Omlet pokapajte s malo ulja, poklopite i kuhajte na srednjoj vatri 2 minute. Okrenite i ponovite. Ponovite za preostalo tijesto.
- Poslužite vruće uz kečap od rajčice ili chutney od mente

Jaje Bhurji

(ljuta kajgana)

Služi 4

Sastojci

  4 žlice rafiniranog biljnog ulja

  ½ žličice sjemenki kumina

  2 velike glavice luka sitno nasjeckane

  8 češnja češnjaka, sitno nasjeckanog

  ½ žličice kurkume

  3 zelena čilija, sitno nasjeckana

  2 rajčice, sitno nasjeckane

  Posolite po ukusu

  8 jaja, istučenih

  10 g lišća korijandera, nasjeckanog

metoda

- Zagrijte ulje u loncu. Dodajte sjemenke kumina. Pustite ih da pucketaju 15 sekundi. Dodajte luk i pržite ga na srednjoj vatri dok ne postane proziran.
- Dodajte češnjak, kurkumu, zeleni čili i rajčice. Pržite uz miješanje 2 minute. Dodajte jaja i kuhajte uz stalno miješanje dok jaja ne budu gotova.
- Ukrasite listićima korijandera i poslužite vruće.

Kotlet od jaja

To je 8

Sastojci

240 ml/8 tečnih oz rafiniranog biljnog ulja

1 velika glavica luka sitno nasjeckana

1 žličica paste od đumbira

1 žličica paste od češnjaka

Posolite po ukusu

½ žličice mljevenog crnog papra

2 velika krumpira, kuhana i zgnječena

8 tvrdo kuhanih jaja prepolovljenih

1 jaje, tučeno

100 g krušnih mrvica

metoda

- Zagrijte ulje u loncu. Dodajte luk, pastu od đumbira, pastu od češnjaka, sol i crni papar. Pržite na srednjoj vatri dok ne porumene.
- Dodajte krumpir. Pržiti 2 minute.
- Ocijedite žumanjke i dodajte ih smjesi od krumpira. Dobro promiješajte.
- Prazna jaja napunite smjesom od krumpira i žumanjaka.
- Umočite ih u razmućeno jaje i premažite prezlama. Staviti na stranu.
- Zagrijte ulje u tavi. Pržite jaja dok ne porumene. Poslužite vruće.

Jhal Mudi

(ljuta lisnata riža)

Za 5-6 porcija

Sastojci

300g/10oz Kurmure*

1 krastavac, sitno nasjeckan

125 g kuhane chana*

1 veći krumpir skuhan i sitno nasjeckan

125 g pečenog kikirikija

1 velika glavica luka sitno nasjeckana

25g/1oz lišća korijandera, sitno nasjeckanog

4-5 žlica gorušičinog ulja

1 žlica mljevenog kumina, suho prepečenog

2 žlice soka od limuna

Posolite po ukusu

metoda

- Pomiješajte sve sastojke da se dobro sjedine. Poslužite odmah.

Tofu Tikka

15 je

Sastojci

300g/10oz tofua, izrezanog na komade od 5cm/2 inča

1 zelena paprika, narezana na kockice

1 rajčica, narezana na kockice

1 veliki luk, narezan na kockice

1 žličica chaat masale*

Grčki jogurt 250g/9oz

½ žličice garam masale

½ žličice kurkume

1 žličica paste od češnjaka

1 žličica soka od limuna

Posolite po ukusu

1 žlica rafiniranog biljnog ulja

Za marinadu:

25g/nekoliko mljevenih listova korijandera od 1 oz

25g/nekoliko 1oz listova mente, mljevenih

metoda

- Pomiješajte sastojke za marinadu. Marinirajte tofu sa smjesom 30 minuta.
- Pecite na žaru s komadićima paprike, rajčice i luka 20 minuta uz povremeno okretanje.
- Po vrhu pospite chaat masalu. Poslužite vruće uz chutney od mente

Aloo Kabli

(Mješavina začinskog krumpira, slanutka i tamarinda)

Služi 4

Sastojci

3 velika krumpira skuhana i narezana na kockice

250 g bijelog graška*, kuhano

1 velika glavica luka sitno nasjeckana

1 zeleni čili, sitno nasjeckan

2 žličice paste od tamarinda

2 žličice suhih prženih sjemenki kumina, samljevenih

10 g lišća korijandera, nasjeckanog

Posolite po ukusu

metoda

- Pomiješajte sve sastojke zajedno u zdjeli. Lagano zgnječiti.
- Poslužite hladno ili na sobnoj temperaturi.

Masala omlet

To je 6

Sastojci

8 jaja, istučenih

1 velika glavica luka sitno nasjeckana

1 rajčica, sitno nasjeckana

4 zelena čilija, sitno nasjeckana

2-3 češnja češnjaka sitno nasjeckana

2,5 cm/1 inča korijena đumbira, sitno nasjeckanog

3 žlice lišća korijandera, sitno nasjeckanog

1 žličica chaat masale*

½ žličice kurkume

Posolite po ukusu

6 žlica rafiniranog biljnog ulja

metoda

- Pomiješajte sve sastojke osim ulja i dobro promiješajte.
- Zagrijte tavu koja se ne lijepi i prelijte je 1 žlicom ulja. Preko toga rasporedite jednu šestinu smjese od jaja.
- Kad se omlet stegne, okrenite ga i pecite drugu stranu na srednjoj vatri.
- Ponovite za ostatak tijesta.
- Poslužite vruće uz kečap ili ajvar od mente

Masala kikiriki

Služi 4

Sastojci

500 g pečenog kikirikija

1 velika glavica luka sitno nasjeckana

3 zelena čilija, sitno nasjeckana

25g/1oz lišća korijandera, sitno nasjeckanog

1 veliki krumpir, kuhan i nasjeckan

1 žličica chaat masale*

1 žlica soka od limuna

Posolite po ukusu

metoda

- Pomiješajte sve sastojke da se dobro sjedine. Poslužite odmah.

Kothmir Wadi

(pržene kuglice od korijandera)

20-25 je

Sastojci

100 g lišća korijandera, sitno nasjeckanog

250g/9oz zelenog graha*

45 g rižinog brašna

3 zelena čilija, sitno nasjeckana

½ žličice paste od đumbira

½ žličice paste od češnjaka

1 žlica sjemenki sezama

1 žličica kurkume

1 žličica mljevenog korijandera

1 žličica šećera

¼ žličice asafetide

¼ žličice sode bikarbone

Posolite po ukusu

150 ml/5 fl oz vode

Rafinirano biljno ulje za dodatno podlijevanje za plitko prženje

metoda

- U zdjeli pomiješajte sve sastojke osim ulja. Dodajte malo vode da dobijete gustu smjesu.
- Okrugli kalup za torte promjera 20 cm namazati uljem i uliti smjesu.
- Kuhajte na pari 10-15 minuta. Ostavite sa strane 10 minuta da se ohladi. Kuhanu smjesu narežite na četvrtaste komade.
- Zagrijte ulje u tavi. Pržite komade dok ne porumene s obje strane. Poslužite vruće.

Rolice od riže i kukuruza

Služi 4

Sastojci

100 g riže kuhane na pari, pasirane

200g/7oz kuhanih zrna kukuruza

125g/4½oz zelenog graha*

1 velika glavica luka sitno nasjeckana

1 žličica garam masale

½ žličice čilija u prahu

10 g lišća korijandera, nasjeckanog

Sok od 1 limuna

Posolite po ukusu

Rafinirano biljno ulje za prženje

metoda

- Pomiješajte sve sastojke osim ulja.
- Zagrijte ulje u loncu. Smjesu po žlicama sipati u ulje i pržiti dok ne porumeni sa svih strana.
- Ocijediti na upijajućem papiru. Poslužite vruće.

Dahi kotlet

(narezak od jogurta)

Služi 4

Sastojci

Grčki jogurt 600g/1lb 5oz

Posolite po ukusu

3 žlice lišća korijandera, nasjeckanog

6 zelenih čilija, sitno nasjeckanih

200g/7oz krušnih mrvica

1 žličica garam masale

2 žličice nasjeckanih oraha

2 žlice bijelog brašna

½ žličice sode bikarbone

90 ml/3 fl oz vode

Rafinirano biljno ulje za prženje

metoda

- Pomiješajte jogurt sa soli, listovima korijandera, čilijem, krušnim mrvicama i garam masalom. Podijelite na dijelove veličine limuna.

- U sredinu svake porcije utisnite nekoliko nasjeckanih oraha. Staviti na stranu.
- Pomiješajte brašno, sodu bikarbonu i dovoljno vode da dobijete rijetku smjesu. Umočite kotlete u tijesto i ostavite sa strane.
- Zagrijte ulje u loncu. Pržite kotlete dok ne porumene.
- Poslužite vruće uz chutney od mente

Uthappam

(rižina palačinka)

To je 12

Sastojci

500g/1lb 2oz riže

150g/5½oz urad dhal*

2 žličice sjemenki piskavice

Posolite po ukusu

12 žlica rafiniranog biljnog ulja

metoda

- Pomiješajte sve sastojke osim ulja. Namočiti u vodi 6-7 sati. Ocijedite i sameljite u finu pastu. Ostavite sa strane 8 sati da fermentira.
- Zagrijte tavu koja se ne lijepi i prelijte je 1 žlicom ulja.
- Ulijte izdašnu žlicu tijesta. Razvaljajte kao palačinku.
- Kuhajte na laganoj vatri 2-3 minute. Okrenite i ponovite.
- Ponovite za ostatak tijesta. Poslužite vruće.

Koraishutir Kochuri

(kruh punjen graškom)

Služi 4

Sastojci

175g/6oz glatkog bijelog brašna

¾ žličice soli

2 žlice gheeja plus dodatak za prženje

500 g smrznutog graška

2,5 cm/1 inč korijen đumbira

4 male zelene papričice

2 žlice sjemenki komorača

¼ žličice asafetide

metoda

- Pomiješajte brašno s ¼ žličice soli i 2 žlice pročišćenog maslaca. Staviti na stranu.
- Sameljite grašak, đumbir, čili i komorač u finu pastu. Staviti na stranu.
- Zagrijte žličicu pročišćenog maslaca u loncu. Pržite asafetidu 30 sekundi.
- Dodajte pastu od graška i ½ žličice soli. Uz miješanje pržite 5 minuta. Staviti na stranu.

- Tijesto podijeliti na 8 loptica. Svaku poravnajte i napunite smjesom od graška. Zatvorite kao vrećicu i ponovno spljoštite. Razvaljati na okrugle diskove.
- Zagrijte pročišćeni maslac u loncu. Dodajte punjene diskove i pržite na srednje jakoj vatri dok ne porumene. Ocijedite na upijajućem papiru i poslužite vruće.

Kanda Vada

(narezak od luka)

Služi 4

Sastojci

4 velika luka, narezana na ploške

4 zelena čilija, sitno nasjeckana

10 g lišća korijandera, nasjeckanog

¾ žličice paste od češnjaka

¾ žličice paste od đumbira

½ žličice kurkume

Prstohvat sode bikarbone

Posolite po ukusu

250g/9oz zelenog graha*

Rafinirano biljno ulje za prženje

metoda

- Pomiješajte sve sastojke osim ulja. Zamijesite i ostavite sa strane 10 minuta.

- Zagrijte ulje u loncu. Na ulje dodajte žlice smjese i pržite na srednjoj vatri dok ne porumene. Poslužite vruće.

Aloo Tuk

(Ljuta grickalica od krumpira)

Služi 4

Sastojci

8-10 mladih krumpira, blanširanih

Posolite po ukusu

Rafinirano biljno ulje za prženje

2 žlice ajvara od mente

2 žlice slatkog paradajza chutneya

1 velika glavica luka sitno nasjeckana

2-3 zelena čilija, sitno nasjeckana

1 žličica crne soli u prahu

1 žličica chaat masale*

Sok od 1 limuna

metoda

- Lagano pritisnite krumpir da se malo spljošti. Pospite solju.
- Zagrijte ulje u loncu. Dodati krumpir i pržiti dok ne porumeni sa svih strana.

- Prebacite krumpir na pladanj za posluživanje. Pospite ih chutneyjem od mente i chutneyjem od slatkih rajčica.
- Pospite lukom, zelenim čilijem, crnom soli, chaat masalom i limunovim sokom. Poslužite odmah.

Kotlet od kokosa

To je 10

Sastojci

200g/7oz svježeg kokosa, nasjeckanog

2,5 cm/1 inč korijen đumbira

4 zelena čilija

2 velike glavice luka sitno nasjeckane

50 g lišća korijandera

4-5 listova curryja

Posolite po ukusu

2 velika krumpira, kuhana i zgnječena

2 jaja, istučena

100 g krušnih mrvica

Rafinirano biljno ulje za prženje

metoda

- Sameljite zajedno kokos, đumbir, čili, luk, lišće korijandera i lišće curryja. Staviti na stranu.
- Krompir posolite i dobro promiješajte.
- Napravite kuglice od krumpira veličine limuna i spljoštite ih na dlanu.

- U sredinu svakog kotleta stavite malo mješavine mljevenog kokosa. Zatvorite ih kao vrećicu i ponovno lagano spljoštite.
- Svaki kotlet umočiti u razmućeno jaje i uvaljati u prezle.
- Zagrijte ulje u loncu. Pržite kotlete dok ne porumene.
- Ocijedite na upijajućem papiru i poslužite vruće uz chutney od mente

Mung izdanak Dhokla

(torta od mung klica kuhana na pari)

To je 20

Sastojci

200 g proklijalog mungo graha

150g/5½oz mung dhal*

2 žlice kiselog vrhnja

Posolite po ukusu

2 žlice naribane mrkve

Rafinirano biljno ulje za podmazivanje

metoda
- Umiješajte mung grah, mung dhal i kiselo vrhnje. Samljeti zajedno u glatku pastu. Fermentirati 3-4 sata. Posolite i ostavite sa strane.
- Premažite maslacem okrugli kalup za tortu od 20 cm/8 inča. Ulijte dhal smjesu u to. Po vrhu pospite mrkvu i kuhajte na pari 7 minuta.
- Izrežite na komade i poslužite vruće.

Paneer Pakoda

(Paneer pečen u tijestu)

Služi 4

Sastojci

2½ žličice čilija u prahu

1¼ žličice amchoora*

250g/9oz štruca*, izrezati na velike komade

8 žlica graha*

Posolite po ukusu

Prstohvat sode bikarbone

150 ml/5 fl oz vode

Rafinirano biljno ulje za prženje

metoda

- Pomiješajte 1 žlicu čilija u prahu i amchoor. Marinirajte komade paneera sa smjesom 20 minuta.
- Pomiješajte brašno s ostatkom čilija u prahu, solju, sodom bikarbonom i dovoljno vode da dobijete tijesto.
- Zagrijte ulje u loncu. Svaki komad paneera umočite u tijesto i pržite na srednjoj vatri dok ne porumeni.
- Poslužite vruće uz chutney od mente

Indijska mesna štruca

Služi 4

Sastojci

500g/1lb 2oz mljevene govedine

200g / 7oz kriški slanine

½ žličice paste od đumbira

½ žličice paste od češnjaka

2 zelena čilija, sitno nasjeckana

½ žličice mljevenog crnog papra

¼ žličice naribanog muškatnog oraščića

Sok od 1 limuna

Posolite po ukusu

2 jaja, istučena

metoda
- U loncu pomiješajte sve sastojke osim jaja.
- Kuhajte na jakoj vatri dok se smjesa ne osuši. Ostaviti sa strane da se ohladi.
- Dodajte razmućena jaja i dobro promiješajte. Izlijte u kalup za tortu 20 x 10 cm/8 x 4 inča.
- Kuhajte smjesu na pari 15-20 minuta. Ostavite da se ohladi 10 minuta. Narežite na kriške i poslužite vruće.

Paneer Tikka

(Paneer Patty)

Služi 4

Sastojci

   250g/9oz štruca*, izrezati na 12 komada

   2 rajčice, narezane na četvrtine i uklonjena pulpa

   2 zelene paprike, očišćene od jezgre i narezane na četvrtine

   2 glavice luka srednje veličine, narezane na četvrtine

   3-4 lista kupusa nasjeckana

   1 manja glavica luka sitno narezana

Za marinadu:

   1 žličica paste od đumbira

   1 žličica paste od češnjaka

   Grčki jogurt 250g/9oz

   2 žlice tekućeg vrhnja

   Posolite po ukusu

metoda

- Pomiješajte sastojke za marinadu. U ovoj smjesi marinirajte panir, rajčice, paprike i luk 2-3 sata.
- Nabodite ih jedan za drugim i pecite na roštilju na drveni ugljen dok komadići panira ne porumene.
- Ukrasite kupusom i lukom. Poslužite vruće.

Panir kotlet

To je 10

Sastojci

1 žlica pročišćenog maslaca

2 velike glavice luka sitno nasjeckane

2,5 cm/1 inč korijena đumbira, naribanog

2 zelena čilija, sitno nasjeckana

4 češnja češnjaka, sitno nasjeckana

3 krumpira, kuhana i zgnječena

300 g kozjeg sira, ocijeđenog

1 žlica bijelog brašna

3 žlice lišća korijandera, nasjeckanog

Krušne mrvice 50g/1¾oz

Posolite po ukusu

Rafinirano biljno ulje za prženje

metoda

- Zagrijte pročišćeni maslac u loncu. Dodajte luk, đumbir, čili i češnjak. Pržite uz često miješanje dok luk ne porumeni. Maknite s vatre.
- Dodajte krumpir, kozji sir, brašno, listiće korijandera, krušne mrvice i sol. Dobro izmiješajte i od smjese oblikujte kotlete.
- Zagrijte ulje u loncu. Pržite kotlete dok ne porumene. Poslužite vruće.

Dhal Ke kebab

(Dhal Kebab)

To je 12

Sastojci

600g/1lb 5oz masoor dhal*

1,2 litre/2 litre vode

Posolite po ukusu

3 žlice lišća korijandera, nasjeckanog

3 žlice kukuruznog brašna

3 žlice krušnih mrvica

1 žličica paste od češnjaka

Rafinirano biljno ulje za prženje

metoda

- Kuhajte dhal s vodom i soli u loncu na srednjoj vatri 30 minuta. Ocijedite višak vode i kuhani dhal izgnječite drvenom kuhačom.
- Dodajte sve ostale sastojke osim ulja. Dobro izmiješajte i od smjese oblikujte 12 polpeti.
- Zagrijte ulje u loncu. Pržite mesne okruglice dok ne porumene. Ocijedite na upijajućem papiru i poslužite vruće.

Slane kuglice od riže

Služi 4

Sastojci

100 g kuhane riže

125g/4½oz zelenog graha*

125 g jogurta

½ žličice čilija u prahu

¼ žličice kurkume

1 žličica garam masale

Posolite po ukusu

Rafinirano biljno ulje za prženje

metoda

- Drvenom kuhačom zgnječite rižu. Dodajte sve ostale sastojke osim ulja i dobro promiješajte. Ovo bi trebalo napraviti tijesto konzistencije smjese za kolače. Po potrebi dodati vode.
- Zagrijte ulje u tavi. Dodajte žličnjake u tijesto i pržite na srednjoj vatri dok ne porumene.
- Ocijedite na upijajućem papiru i poslužite vruće.

Hranjiva Roti rolada

Služi 4

Sastojci
Za nadjev:

1 žličica sjemenki kumina

1 žličica maslaca

1 kuhani krompir, pasiran

1 tvrdo kuhano jaje, sitno nasjeckano

1 žlica lišća korijandera, nasjeckanog

½ žličice čilija u prahu

Prstohvat mljevenog crnog papra

Prstohvat garam masale

1 žlica mladog luka, sitno nasjeckanog

Posolite po ukusu

Za roti:

85g/3oz integralnog brašna

1 žličica rafiniranog biljnog ulja

Prstohvat soli

metoda

- Sve sastojke za nadjev pomiješati i dobro izgnječiti. Staviti na stranu.
- Pomiješajte sve sastojke za roti. Umijesite podatno tijesto.
- Od tijesta oblikujte kuglice veličine oraha i razvaljajte ih u diskove.
- Na svaki disk tanko i ravnomjerno rasporediti nadjev od pirea. Svaki disk zarolajte u čvrstu roladu.
- Kiflice lagano ispeći na zagrijanoj tavi. Poslužite vruće.

Pileći kebab s mentom

To je 20

Sastojci

500g/1lb 2oz mljevene piletine

50 g listova metvice sitno nasjeckanih

4 zelena čilija, sitno nasjeckana

1 žličica mljevenog korijandera

1 žličica mljevenog kima

Sok od 1 limuna

1 žličica paste od đumbira

1 žličica paste od češnjaka

1 jaje, tučeno

1 žlica kukuruznog brašna

Posolite po ukusu

Rafinirano biljno ulje za prženje

metoda

- Pomiješajte sve sastojke osim ulja. Umijesiti mekano tijesto.
- Tijesto podijeliti na 20 dijelova i svaki poravnati.
- Zagrijte ulje u tavi. Pržite ražnjiće na srednjoj vatri dok ne porumene. Poslužite vruće uz chutney od mente

Masala čips

Služi 4

Sastojci

200g / 7oz običnog slanog čipsa

2 glavice luka sitno nasjeckane

10 g lišća korijandera, sitno nasjeckanog

2 žličice soka od limuna

1 žličica chaat masale*

Posolite po ukusu

metoda

- Izmrvite čips. Dodajte sve sastojke i dobro promiješajte.
- Poslužite odmah.

Samosa od miješanog povrća

(miješano slano povrće)

To je 10

Sastojci

2 žlice rafiniranog biljnog ulja plus dodatno za prženje

1 velika glavica luka sitno nasjeckana

175g/6oz paste od đumbira

1 žličica mljevenog kumina, suho prepečenog

Posolite po ukusu

2 krumpira, kuhana i narezana na kockice

125 g kuhanog graška

Za prhko tijesto:

175g/6oz glatkog bijelog brašna

Prstohvat soli

2 žlice rafiniranog biljnog ulja

100 ml/3½ tečne unce vode

metoda

- U tavi zagrijte 2 žlice ulja. Dodajte luk, đumbir i mljeveni kumin. Pržite 3-5 minuta uz stalno miješanje.
- Dodajte sol, krumpir i grašak. Dobro promiješajte i zgnječite. Staviti na stranu.
- Napravite kornete od prhkog tijesta kao u receptu za krumpirovu samosu
- Napunite svaki kornet sa 1 žlicom mješavine krumpira i graška i zatvorite rubove.
- Zagrijte ulje u tavi i pržite kornete dok ne porumene.
- Ocijedite i poslužite vruće uz kečap ili ajvar od mente

Chop Rolls

To je 12

Sastojci

500g/1lb 2oz mljevene janjetine

2 zelena čilija, sitno nasjeckana

2,5 cm/1 inča korijena đumbira, sitno nasjeckanog

2 češnja češnjaka, sitno nasjeckana

1 žličica garam masale

1 velika glavica luka sitno nasjeckana

25 g/1 oz lišća korijandera, nasjeckanog

1 jaje, tučeno

Posolite po ukusu

Krušne mrvice 50g/1¾oz

Rafinirano biljno ulje za plitko prženje

metoda

- Pomiješajte sve sastojke osim prezli i ulja. Smjesu podijelite na 12 cilindričnih dijelova. Uvaljati u prezle. Staviti na stranu.
- Zagrijte ulje u tavi. Rolice pržite na laganoj vatri dok ne porumene sa svih strana.

- Poslužite vruće uz ajvar od zelenog kokosa

goli kebab

(rolnice od povrća)

To je 12

Sastojci

1 veća mrkva, sitno nasjeckana

50 g zelenog graha, nasjeckanog

50 g kupusa, sitno nasjeckanog

1 manja glavica luka, naribana

1 žličica paste od češnjaka

2 zelena čilija

Posolite po ukusu

½ žličice granuliranog šećera

½ žličice amchoora*

Krušne mrvice 50g/1¾oz

125g/4½oz zelenog graha*

Rafinirano biljno ulje za prženje

metoda

- Pomiješajte sve sastojke osim ulja. Oblikujte 12 cilindara.
- Zagrijte ulje u tavi. Pržite cilindre dok ne porumene.
- Poslužite vruće uz kečap.

Mathis

(pržene perece)

To je 25

Sastojci

350g/12oz glatkog bijelog brašna

200 ml vruće vode

1 žlica pročišćenog maslaca

1 žličica sjemenki ajowana

1 žlica pročišćenog maslaca

Posolite po ukusu

Rafinirano biljno ulje za prženje

metoda

- Pomiješajte sve sastojke osim ulja. Umijesite podatno tijesto.
- Podijelite tijesto na 25 dijelova. Svaki dio razvaljajte u disk promjera 5 cm. Diskove izbodite vilicom i ostavite sa strane 30 minuta.
- Zagrijte ulje u loncu. Pržite diskove dok ne porumene.
- Ocijediti na upijajućem papiru. Ohladite i pohranite u hermetički zatvorenu posudu.

Poha Pakoda

Služi 4

Sastojci

Poha 100g/3½oz*

500 ml/16 fl oz vode

125 g kikirikija, grubo nasjeckanog

½ žličice paste od đumbira

½ žličice paste od češnjaka

2 žličice soka od limuna

1 žličica šećera

1 žličica mljevenog korijandera

½ žličice mljevenog kima

10 g lišća korijandera, sitno nasjeckanog

Posolite po ukusu

Rafinirano biljno ulje za prženje

metoda

- Namočite pohu u vodi 15 minuta. Ocijedite i pomiješajte sa svim ostalim sastojcima, osim ulja. Oblikovati kuglice velicine oraha.
- Zagrijte ulje u tavi. Poha kuglice pržite na srednjoj vatri dok ne porumene.
- Ocijediti na upijajućem papiru. Poslužite vruće uz chutney od mente

Hariyali Murgh Tikka

(Zelena piletina Tikka)

Služi 4

Sastojci

650 g/1 lb piletine bez kostiju od 6 oz, izrezane na komade od 5 cm/2 inča

Rafinirano biljno ulje za podlijevanje

Za marinadu:

Posolite po ukusu

125 g jogurta

1 žlica paste od đumbira

1 žlica paste od češnjaka

25g/nekoliko 1oz listova mente, mljevenih

25g/nekoliko mljevenih listova korijandera od 1 oz

50 g špinata, nasjeckanog

2 žlice garam masale

3 žlice soka od limuna

metoda

- Pomiješajte sastojke za marinadu. Marinirajte piletinu u ovoj smjesi 5-6 sati u hladnjaku. Izvadite iz hladnjaka najmanje jedan sat prije kuhanja.
- Komade piletine pecite na ražnjićima ili u nauljenom plehu. Kuhajte dok piletina ne porumeni sa svih strana. Poslužite vruće.

Botti Kebab

(Janjeći ćevap u zalogaju)

To je 20

Sastojci

500g/1lb 2oz janjetine bez kostiju, nasjeckane

1 žličica paste od đumbira

2 žličice paste od češnjaka

2 žličice zelenih čilija

½ žlice mljevenog korijandera

½ žlice mljevenog kima

¼ žličice kurkume

1 žličica čilija u prahu

¾ žličice garam masale

Sok od 1 limuna

Posolite po ukusu

metoda
- Sve sastojke dobro promiješajte i ostavite 3 sata.
- Nabodite komade janjetine. Pecite na roštilju na drveni ugljen 20 minuta dok ne porumene. Poslužite vruće.

Chaat

(Slana grickalica od krumpira)

Služi 4

Sastojci

Rafinirano biljno ulje za prženje

4 krumpira srednje veličine skuhati, oguliti i narezati na komade od 2,5 cm

½ žličice čilija u prahu

Posolite po ukusu

1 žličica mljevenog kumina, suho prepečenog

1½ žličice chaat masale*

1 žličica soka od limuna

2 žlice ljutog, slatkog ajvara od manga

1 žlica chutneya od mente

10 g lišća korijandera, nasjeckanog

1 velika glavica luka sitno nasjeckana

metoda

- Zagrijte ulje u tavi. Pržite krumpir na srednjoj vatri dok ne porumeni sa svih strana. Ocijediti na upijajućem papiru.
- U zdjeli pomiješajte krumpir s čilijem u prahu, soli, mljevenim kimom, chaat masalom, limunovim sokom, ljutim, slatkim chutneyjem od manga i chutneyjem od mente. Ukrasite lističima korijandera i lukom. Poslužite odmah.

Dosa od kokosa

(kokosova palačinka od riže)

10-12 je

Sastojci

250g/9oz riže, namočene 4 sata

Poha 100g/3½oz*, natopljen 15 minuta

100 g kuhane riže

50g/1¾oz svježeg kokosa, naribanog

50 g lišća korijandera, nasjeckanog

Posolite po ukusu

12 žličica rafiniranog biljnog ulja

metoda

- Samljeti sve sastojke, osim ulja, zajedno u gustu smjesu.
- Namastite i zagrijte ravnu tavu. Žlicom sipati smjesu i razmazati stražnjom stranom žlice u tanku palačinku. Prelijte ga malo ulja. Kuhajte dok ne postane hrskavo. Ponovite za preostalo tijesto.
- Poslužite vruće uz ajvar od kokosa

Torte od sušenog voća

To je 8

Sastojci

50g/1¾oz miješanog suhog voća, sitno nasjeckanog

2 žlice ljutog, slatkog ajvara od manga

4 velika krumpira, kuhana i zgnječena

2 zelena čilija, sitno nasjeckana

1 žlica kukuruznog brašna

Posolite po ukusu

Rafinirano biljno ulje za prženje

metoda

- Pomiješajte suho voće s toplim, slatkim chutneyjem od manga. Staviti na stranu.
- Pomiješajte krumpir, zeleni čili, kukuruzni škrob i sol.
- Smjesu podijelite na 8 kuglica veličine limuna. Spljoštite ih nježno pritiskajući između dlanova.
- U sredinu svake stavite malo suhog voća i zatvorite kao vrećicu. Još jednom spljoštiti i oblikovati ćufte.
- Zagrijte ulje u tavi. Dodati polpete i pržiti ih na srednjoj vatri dok ne porumene sa svih strana. Poslužite vruće.

Kuhana riža Dosa

10-12 je

Sastojci

100 g kuhane riže

250g/9oz zelenog graha*

3-4 zelena čilija, sitno nasjeckana

1 glavica luka sitno nasjeckana

50 g lišća korijandera, nasjeckanog

8 listova curryja, sitno nasjeckanih

Prstohvat asafetide

3 žlice jogurta

Posolite po ukusu

150 ml/5 fl oz vode

12 žličica rafiniranog biljnog ulja

metoda

- Pomiješajte sve sastojke. Lagano zgnječiti i dodati malo vode da se dobije gusta smjesa.
- Namastite i zagrijte ravnu tavu. Preko toga izlijte žlicu tijesta i razvaljajte u tanku palačinku. Ulijte okolo malo ulja. Kuhajte dok ne postane hrskavo. Ponovite za preostalo tijesto.
- Poslužite vruće uz ajvar od kokosa

Pljeskavice od nezrele banane

To je 10

Sastojci

6 nezrelih banana, skuhanih i zgnječenih

3 zelena čilija, sitno nasjeckana

1 manja glavica luka sitno nasjeckana

¼ žličice kurkume

1 žlica kukuruznog brašna

1 žličica mljevenog korijandera

1 žličica mljevenog kima

1 žličica soka od limuna

½ žličice paste od đumbira

½ žličice paste od češnjaka

Posolite po ukusu

Rafinirano biljno ulje za plitko prženje

metoda

- Pomiješajte sve sastojke osim ulja. Dobro promiješajte.
- Podijeliti na 10 jednakih loptica. Spljoštiti u mesne okruglice.
- Zagrijte ulje u tavi. Dodajte nekoliko okruglica odjednom i pržite dok ne porumene sa svih strana.
- Poslužite vruće uz kečap ili ajvar od mente

Sooji Vada

(prženi griz grickalica)

25-30 je

Sastojci

   200 g griza

   250g/9oz jogurta

   1 veliki luk, nasjeckan

   2,5 cm/1 inč korijena đumbira, naribanog

   8 listova curryja

   4 zelena čilija, sitno nasjeckana

   ½ svježeg kokosa, mljevenog

   Posolite po ukusu

   Rafinirano biljno ulje za prženje

metoda

- Sve sastojke osim ulja miksajte dok ne dobijete gustu smjesu. Staviti na stranu.
- Zagrijte ulje u tavi. Lagano dodajte žličnjake u tijesto i pržite na srednjoj vatri dok ne porumene.
- Ocijediti na upijajućem papiru. Poslužite vruće uz chutney od mente

Slani slatki i kiseli zalogaji

To je 20

Sastojci

2 žlice rafiniranog biljnog ulja

1 žličica sjemena gorušice

1 žličica sjemenki sezama

7-8 listova curryja

2 žlice lišća korijandera, sitno nasjeckanog

Za Muthias:

Pirjana riža 200g/7oz

50 g kupusa, naribanog

1 srednja mrkva, naribana

125 g smrznutog graška, odmrznutog i pasiranog

4 zelena čilija, sitno nasjeckana

1 žličica paste od đumbira

1 žličica paste od češnjaka

2 žlice granuliranog šećera

2 žlice soka od limuna

Prstohvat kurkume

1 žličica garam masale

3 žlice umaka od rajčice

Posolite po ukusu

metoda

- Pomiješajte sve sastojke muthie zajedno u zdjeli. Dobro promiješajte.
- Prebacite ovu smjesu u maslacem namazan okrugli kalup za tortu od 20 cm/8 inča i ravnomjerno rasporedite.
- Stavite pleh u kuhalo za kuhanje na pari i kuhajte na pari 15-20 minuta. Ostavite sa strane da se ohladi 15 minuta. Izrežite na komade u obliku dijamanta. Staviti na stranu.
- Zagrijte ulje u loncu. Dodajte sjemenke gorušice, sjemenke sezama i listiće curryja. Pustite ih da pucketaju 15 sekundi.
- Prelijte ga izravno preko muthiasa. Ukrasite korijanderom i poslužite vruće.

Kolači od kozica

Služi 4

Sastojci

2 žlice rafiniranog biljnog ulja plus za prženje

1 glavica luka sitno nasjeckana

2,5 cm/1 inča korijena đumbira, sitno nasjeckanog

2 češnja češnjaka, sitno nasjeckana

250 g kozica očišćenih i očišćenih od žilica

1 žličica garam masale

Posolite po ukusu

1 žličica soka od limuna

2 žlice lišća korijandera, nasjeckanog

5 većih krumpira, kuhanih i zgnječenih

100 g krušnih mrvica

metoda

- U tavi zagrijte 2 žlice ulja. Dodajte luk i pržite dok ne postane proziran.
- Dodajte đumbir i češnjak i pirjajte na srednjoj vatri minutu.
- Dodajte kozice, garam masalu i sol. Kuhajte 5-7 minuta.
- Dodajte limunov sok i listiće korijandera. Dobro izmiješajte i ostavite sa strane.
- Krompir posolite i oblikujte polpete. Na svaku pljeskavicu stavite malo smjese od kozica. Zatvorite u vrećice i poravnajte. Staviti na stranu.
- Zagrijte ulje u loncu. Polpete umočite u prezle i pržite dok ne porumene. Poslužite vruće.

Reshmi Kebab

(Pileći ćevap u kremastoj marinadi)

10-12 je

Sastojci

250 ml kiselog vrhnja

1 žličica paste od đumbira

1 žličica paste od češnjaka

1 čajna žličica soli

1 jaje, tučeno

120 ml/4 fl oz duplo vrhnje

500g/1lb 2oz piletine bez kostiju, nasjeckane

metoda

- Pomiješajte kiselo vrhnje, pastu od đumbira i pastu od češnjaka. Dodajte sol, jaje i vrhnje da dobijete gustu pastu.
- U ovoj smjesi marinirajte piletinu 2-3 sata.
- Nabodite komade i pecite na roštilju na drveni ugljen dok ne porumene.
- Poslužite vruće.

Užitak od lomljene pšenice

15 je

Sastojci

250g/9oz mljevene pšenice, lagano tostirane

150g/5½oz mung dhal*

300 ml/10 fl oz vode

125 g smrznutog graška

60g/2oz mrkve, naribane

1 žlica prženog kikirikija

1 žlica paste od tamarinda

1 žličica garam masale

1 žličica čilija u prahu

¼ žličice kurkume

1 čajna žličica soli

1 žlica lišća korijandera, nasjeckanog

metoda

- Namočite mljevenu pšenicu i mung dhal u vodi 2-3 sata.
- Dodajte preostale sastojke, osim listova korijandera, i dobro promiješajte.
- Smjesu izlijte u okrugli kalup za tortu promjera 20 cm. Kuhajte na pari 10 minuta.
- Ohladite i narežite na komade. Ukrasite korijanderom. Poslužite uz ajvar od zelenog kokosa

Methi Dhokla

(kolač od piskavice na pari)

To je 12

Sastojci

200 g riže kratkog zrna

150g/5½oz urad dhal*

Posolite po ukusu

25 g/1 oz lišća piskavice, nasjeckanog

2 žličice zelenih čilija

1 žlica kiselog vrhnja

Rafinirano biljno ulje za podmazivanje

metoda

- Namočite rižu i dhal zajedno 6 sati.
- Samljeti u gustu pastu i ostaviti sa strane da fermentira 8 sati.
- Dodajte ostale sastojke. Dobro promiješajte i fermentirajte još 6-7 sati.
- Premažite maslacem okrugli kalup za tortu od 20 cm/8 inča. Ulijte smjesu u kalup i kuhajte na pari 7-10 minuta.
- Poslužite vruće uz bilo koji slatki ajvar.

www.ingramcontent.com/pod-product-compliance
Lightning Source LLC
Chambersburg PA
CBHW050159130526
44591CB00034B/1397